40 Minutos

DE ESTUDIO BÍBLICO

Programa de Estudio en 6 Semanas

VIVIENDO VICTORIOSAMENTE EN TIEMPOS DE DIFICULTAD

MINISTERIOS PRECEPTO INTERNACIONAL

KAY ARTHUR
BOB & DIANE VEREEN

Living Victoriously in Difficult Times,
Publicado en inglés por WaterBrook Press
12265 Oracle Boulevard, Suite 200
Colorado Springs, Colorado 80921
Una división de Random House Inc.

ISBN 978-1-62119-020-2

2012 – Edición Estados Unidos

CÓMO USAR ESTE ESTUDIO

Este estudio bíblico inductivo está dirigido a grupos pequeños interesados en conocer la Biblia, pero que dispongan de poco tiempo para reunirse. Resulta ideal, por ejemplo, para grupos que se reúnan a la hora de almuerzo en el trabajo, para estudios bíblicos de hombres, para grupos de estudio de damas o para clases pequeñas de Escuela Dominical (también es muy útil para grupos que se reúnan durante períodos más largos—como por las noches o sábados por la mañana—que sólo quieran dedicar una parte de su tiempo al estudio bíblico; reservando el resto del tiempo para la oración, comunión y otras actividades).

El presente libro ha sido diseñado de tal forma que el propio grupo complete la tarea de cada lección al mismo tiempo. La discusión de las observaciones, extraídas de lo que Dios dice acerca de un tema en particular, les revelará impactantes y motivadoras verdades.

Aunque se trata de un estudio en grupo y participativo, resulta necesaria la intervención de un moderador para que dirija al grupo—alguien quien procure que la discusión se mantenga activa (la función de esta persona no es la de un conferenciante o maestro; sin embargo, al usar este libro en una clase de Escuela Dominical o en una reunión similar, el maestro deberá sentirse en libertad de dirigir el estudio de forma más abierta; brindando observaciones complementarias, además de las incluidas en la lección semanal). Si eres el moderador del grupo, a continuación encontrarás algunas recomendaciones que te ayudarán a hacer más fácil tu trabajo:

- Antes de dirigir al grupo, revisa toda la lección y marca el texto. Esto te familiarizará con su contenido y te capacitará para ayudarles con mayor facilidad. La dirección del grupo te será más cómoda si tú mismo sigues las instrucciones de cómo marcar y si escoges un color específico para cada símbolo que marques.

- Al dirigir el grupo comienza por el inicio del texto leyéndolo en voz alta según el orden que aparece en la lección; incluye además los "cuadros de aclaración" que podrían aparecer después de las instrucciones y a mitad de las observaciones o de la discusión. Motívales a trabajar juntos la lección, observando y discutiendo todo cuanto aprendan. Y, al leer los versículos bíblicos, pide que el grupo diga en voz alta la palabra que estén marcando en el texto.
- Las preguntas de discusión sirven para ayudarte a cubrir toda la lección. A medida que la clase participe en la discusión, te irás dando cuenta que ellos responderán las preguntas por sí mismos. Ten presente que las preguntas de discusión son para guiar al grupo en el tema, y no para suprimir la discusión.
- Recuerda lo importante que resulta para la gente el expresar sus respuestas y descubrimientos; pues esto fortalecerá grandemente su entendimiento personal de la lección semanal. Por lo tanto, ¡asegúrate que todos tengan oportunidad de contribuir en la discusión semanal!
- Procura mantener la discusión activa, aunque esto pudiera significarles pasar más tiempo en algunas partes del estudio que en otras. De ser necesario, siéntete en libertad de desarrollar una lección en más de una sesión; sin embargo, recuerda evitar avanzar a un ritmo muy lento, puesto que es mejor que cada uno sienta haber contribuido a la discusión semanal -en otras palabras: "que deseen más"- a que se retiren por falta de interés.
- Si las respuestas del grupo no te parecen adecuadas, puedes recordarles cortésmente que deben mantenerse enfocados en la verdad de las Escrituras; su meta es aprender lo que la Biblia dice, y no el adaptarse a filosofías humanas. Sujétense únicamente a las Escrituras, y permitan que Dios sea quien les hable ¡Su Palabra es verdad! (Juan 17:17).

VIVIENDO VICTORIOSAMENTE EN TIEMPOS DE DIFICULTAD

¿Alguna vez te has sentido tan abrumado por las circunstancias, que hasta has llegado a creer que jamás pudo haber sufrido alguien de esa misma manera? ¿En esas ocasiones, te ha parecido que nadie es capaz de comprender tu dolor?

¿Te cuestionas continuamente, buscando el por qué la vida parece ser siempre tan injusta?

Algunas personas parecen obtener todo cuanto desean y jamás tener verdaderos problemas; mientras hay otros quienes parecen tener que luchar fuertemente, desafío tras desafío, por alcanzar las cosas que anhelan. Algunos parecen ir por la vida causando dolor y penas a cuanto inocente se cruce en su camino, sin recibir ningún castigo por ello. ¿Será que Dios ha vuelto sus espaldas a Sus hijos que están sufriendo, o es que acaso hay algún propósito para todo ese dolor? ¿Cómo podemos enfrentar las injusticias y el sufrimiento de este mundo, y a la vez mantener la fe en el Dios de todo poder?

Estas y otras preguntas serán contestadas en nuestro estudio inductivo de seis semanas, conforme alcancemos mayor entendimiento bíblico de la perspectiva de Dios en cuanto a nuestras luchas. También descubrirás cómo responder cuando te encuentras en medio de los desafíos difíciles – y encontrarás esperanza para perseverar fielmente hasta el fin.

PRIMERA SEMANA

Una vez que hemos confiado nuestras vidas a Dios, ¿acaso estaremos exentos del dolor y las dificultades en la vida? ¿Nuestra relación con Él nos provee de algún tipo de protección contra el sufrimiento? En esta semana empezaremos nuestro estudio observando a un grupo de personas cuyas circunstancias originaron las anteriores preguntas.

OBSERVA

El pasaje que leeremos fue escrito por el apóstol Pablo y dirigido a la iglesia de Tesalónica.

***Líder**: Lee en voz alta 2 Tesalonicenses 1:3-5.*

- *Pide que el grupo encierre en un círculo cada* ***ustedes*** *y* ***su*** *que se refiere a los destinatarios de esta carta.*

A medida que lees el texto, te será de mucha ayuda pedir que el grupo diga las palabras clave en voz alta mientras las marcan, incluyendo toda palabra o frase sinónima. Y deberás mantenerte haciendo esto a lo largo de todo tu estudio.

DISCUTE

- ¿Qué aprendes al marcar las referencias a los destinatarios de la carta de Pablo? ¿Cómo describirías su relación con Dios? ¿Qué les estaba sucediendo?

2 Tesalonicenses 1:3-5

3 Siempre tenemos que dar gracias a Dios por ustedes, hermanos, como es justo, porque su fe aumenta grandemente, y el amor de cada uno de ustedes hacia los demás abunda *más y más.*

4 Por lo cual nosotros mismos hablamos con orgullo de ustedes entre las iglesias de Dios, por su perseverancia (firmeza) y fe en medio de todas las persecuciones y aflicciones que soportan.

5 *Esta* es una señal evidente del justo juicio de Dios, para que sean considerados dignos del reino de Dios, por el cual en verdad están sufriendo.

- ¿Cómo estaban respondiendo a sus circunstancias?

ACLARACIÓN

El Nuevo Testamento fue escrito originalmente en el lenguaje griego. La palabra griega traducida como perseverancia en 2 Tesalonicenses 1:4 es *jupomoné*, que significa "paciencia o resistencia en circunstancias difíciles". Esta palabra indica que los tesalonicenses no se estaban rindiendo a sus circunstancias ni tampoco estaban alejándose para tratar de salir de su situación.

La palabra griega traducida como fe, en el versículo 4, significa "creer, estar completamente persuadido". En este contexto, se muestra que su fe y confianza estaban en Dios, quien les hizo capaces de aceptar sus circunstancias y combatir las pruebas.

También en el versículo 4, la palabra griega traducida como soportáis es *anéjomai*; la cual significa "esperar pacientemente".

Dios le da al creyente la fuerza interna necesaria para que pueda mantenerse firme, y esperando pacientemente durante las circunstancias difíciles.

- ¿Qué otras observaciones obtuviste de las definiciones de estas palabras, en lo referente a la respuesta de los tesalonicenses a sus circunstancias?

- De acuerdo a estas definiciones, ¿qué capacitó a los creyentes de Tesalónica para que combatieran su situación?

- ¿Cómo son tus reacciones frente a las situaciones difíciles, y cómo se comparan con la de los tesalonicenses? Si Pablo estuviera describiendo tu fe, ¿de qué manera diferiría o concordaría su descripción, con este pasaje en 2 Tesalonicenses?

OBSERVA

***Líder**: Lee en voz alta 2 Tesalonicenses 1:4-8.*

- *Pide al grupo que marque cada referencia a **persecuciones**, **aflicciones** (**afligido**, **afligir**) y **sufrimiento**, de la siguiente manera:* 

2 Tesalonicenses 1:4–8

4 Por lo cual nosotros mismos hablamos con orgullo de ustedes entre las iglesias de Dios, por su perseverancia (firmeza) y fe en medio de todas las persecuciones y aflicciones que soportan.

5 Esta es una señal evidente del justo juicio de Dios, para que sean considerados dignos del reino de Dios, por el cual en verdad están sufriendo.

6 Porque después de todo, es justo delante de Dios que El pague con aflicción a quienes los afligen a ustedes.

7 Pero que El les dé alivio a ustedes que son afligidos, y también a nosotros, cuando el Señor Jesús sea revelado desde el cielo con Sus poderosos ángeles en llama de fuego,

8 dando castigo a los que no conocen a Dios, y a los que no obedecen al evangelio (las buenas nuevas) de nuestro Señor Jesús.

ACLARACIÓN

La palabra griega para persecuciones es *diogmós*, que significa "persecuciones hostiles". Esto involucra el ser perseguido por enemigos.

Aflicciones es traducción de la palabra griega *dslípsis*, que significa "apretar o exprimir". Se refiere casi invariablemente a algo que viene sobre uno, proveniente de circunstancias externas.

La palabra griega, traducida aquí como sufrimiento, es *pásjo*, que significa "actuar sobre o estar afectado por circunstancias externas".

Afligir o afligido son traducciones de la palabra griega *dslíbo*, que significa "estar presionado o con problemas".

Todo esto indica sufrimientos debidos a la presión de las circunstancias o antagonismos de otros. Estar afligido es estar oprimido por el mal.

DISCUTE

- Mira las palabras clave que marcaste en el texto y discute lo que revelan estas definiciones acerca de las presiones que los tesalonicenses estaban soportando.

- ¿Qué verdades aprendiste de las circunstancias y del ejemplo de los tesalonicenses, que puedas aplicar a tu vida?

OBSERVA

Veamos otros versículos donde Pablo escribió acerca del sufrimiento en la vida de un creyente.

***Líder**: Lee en voz alta 1 Tesalonicenses 1:6-7; 2:1-2,14; y 3:4. Pide al grupo que haga lo siguiente:*

- *Encierre en un círculo los*
- *pronombres **ustedes** y **su**, que se refieran a los creyentes en la iglesia de Tesalónica.*
- *Dibuje un rectángulo sobre los pronombres **nosotros**, **nuestro**, que se refieran a Pablo y a aquellos que estaban con él.*

1 Tesalonicenses 1:6–7

6 Y ustedes
llegaron a ser
imitadores de
nosotros y del
Señor, habiendo
recibido la palabra,
en medio de mucha
tribulación, con el
gozo del Espíritu
Santo,

7 de tal manera
que llegaron a ser
un ejemplo para
todos los creyentes
en Macedonia y en
Acaya.

1 Tesalonicenses 2:1–2, 14

1 Porque ustedes
mismos saben,
hermanos, que
nuestra visita a
ustedes no fue en
vano,

2 sino que después
de haber sufrido y
sido maltratados en
Filipos, como saben,
tuvimos el valor,
confiados en nuestro
Dios, de hablarles
el evangelio (las
buenas nuevas) de
Dios en medio de
mucha oposición
(de mucho
conflicto).

14 Pues ustedes,
hermanos, llegaron
a ser imitadores de
las iglesias de Dios
en Cristo Jesús que
están en Judea,
porque también
ustedes padecieron
los mismos
sufrimientos
a manos de
sus propios
compatriotas,
tal como ellos
padecieron a manos
de los Judíos.

***Líder**: Lee una vez más, en voz alta, estos mismos versículos.*

- *Pide al grupo que marque cada referencia a **tribulación, sufrieron, maltratados y aflicción:***

DISCUTE

- ¿Qué aprendes al marcar las referencias a Pablo y a los creyentes de Tesalónica?

- Basado en lo que has visto en ellos y sus circunstancias, ¿ejemplo de qué crees que son los tesalonicenses (1 Tesalonicenses 1:7)?

- ¿Cómo se relaciona esto con lo que has aprendido en 2 Tesalonicenses 1?

- Basado en lo que has aprendido, ¿cómo describirías la relación del creyente con el sufrimiento?

- ¿Cómo se relaciona esto con tu vida?

OBSERVA

Veamos otros pasajes en los que Pablo habló a los creyentes acerca de la persecución y el sufrimiento.

***Líder**: Lee en voz alta Filipenses 1:29-30 y 2 Timoteo 3:12.*

- *Encierre en un círculo todas las referencias a los **creyentes**, incluyendo los pronombres.*
- *Marque **sufrimientos** y **persecución** tal como antes:* 

ACLARACIÓN

La palabra concedido, en Filipenses 1:29, fue traducida de la palabra griega *jarízomai*; que significa "conceder como un favor o mostrar benevolencia". Esta es la forma verbal del sustantivo para gracia. El sufrimiento es un privilegio que Dios da al creyente, una forma de gracia que muestra el favor de Dios hacia nosotros.

1 Tesalonicenses 3:4

4 Porque en verdad, cuando estábamos con ustedes les predecíamos que íbamos a sufrir aflicción, y así ha acontecido, como saben.

Filipenses 1:29–30

29 Porque a ustedes se les ha concedido por amor de Cristo, no sólo creer en El, sino también sufrir por El,

30 teniendo el mismo conflicto que vieron en mí, y que ahora oyen *que está* en mí.

2 Timoteo 3:12

12 Y en verdad, todos los que quieren vivir piadosamente en Cristo Jesús, serán perseguidos.

DISCUTE

- De acuerdo a estos versículos, y la definición de la palabra concedido, ¿qué conclusiones puedes sacar referentes al sufrimiento y al creyente?

- ¿Cómo se relaciona esto con tus circunstancias presentes o con lo que puedes esperar como creyente?

2 Tesalonicenses 1:6-10

6 Porque después
de todo, es justo
delante de Dios
que El pague con
aflicción a quienes
los afligen a ustedes.

7 Pero que El les
dé alivio a ustedes
que son afligidos, y
también a nosotros,
cuando el Señor
Jesús sea revelado
desde el cielo con
Sus poderosos
ángeles en llama de
fuego,

OBSERVA

Regresemos a 2 Tesalonicenses 1, donde empezamos nuestro estudio de esta semana y veamos qué le dijo Pablo a los tesalonicenses sobre aquellos que los afligían.

***Líder**: Lee en voz alta 2 Tesalonicenses 1:6-10. Pide que el grupo:*

- *Dibuje un rectángulo sobre cada frase con las palabras **a los** o **estos**, los que se refieren a las personas que afligen a los creyentes:* ▭
- *Marque cada referencia de tiempo con un reloj:* 

DISCUTE

- ¿Qué aprendiste de aquellos que afligen a los creyentes? ¿Qué les sucederá y cuándo les sucederá?

- De acuerdo a este pasaje, ¿el creyente cuándo será creyente aliviado de las aflicciones?

- ¿Cómo te afectan las verdades que acabas de aprender?

- A la luz de todo lo que has estudiado esta semana, ¿qué has aprendido sobre el rol del sufrimiento en la vida de un creyente? ¿Cómo impactará esto tu respuesta a las circunstancias difíciles?

8 dando castigo a
los que no conocen
a Dios, y a los
que no obedecen
al evangelio (las
buenas nuevas) de
nuestro Señor Jesús.

9 Estos sufrirán
el castigo de
eterna destrucción,
excluidos de la
presencia del Señor
y de la gloria de Su
poder,

10 cuando El
venga para ser
glorificado en Sus
santos en aquel día
y para ser admirado
entre todos los que
han creído; porque
nuestro testimonio
ha sido creído por
ustedes.

FINALIZANDO

A menudo se escuchan mensajes conflictivos acerca del sufrimiento. Algunas de las enseñanzas populares de nuestros días indican que una vez que uno se convierte en creyente, todos sus problemas quedan resueltos. Algunos predicadores nos dicen que la intención de Dios para con Sus hijos es que seamos ricos y saludables. Ellos proclaman que el éxito, prosperidad y la vida sin problemas son tuyos solo con – tener suficiente fe o confesar las promesas de Dios.

Pero, ¿son esas enseñanzas consistentes con la Palabra de Dios? ¿Son consistentes con lo que acabas de aprender esta semana?

Al igual que miles de creyentes antes que nosotros, nos encontramos viviendo tiempos difíciles. Todos los cristianos a nuestro alrededor se encuentran bajo ataque. Y cuando nos paramos firme para defender la verdad de Dios, nos veremos menospreciados por aquellos que marchan bajo la bandera de la "tolerancia". Entonces nos damos cuenta que no somos inmunes a las presiones, sufrimientos y dolor de la vida diaria, los cuales amenazan con exprimirnos.

¿Cómo responderás al sufrimiento? ¿Gastarás tu tiempo quejándote o hasta ocultarás tu fe? ¿Tratarás de escapar de la persecución o seguirás el ejemplo de los tesalonicenses y perseverarás?

SEGUNDA SEMANA

La semana pasada aprendimos, a través de las vidas de los creyentes de la iglesia del primer siglo, que el sufrimiento es un hecho común en la vida de todo cristiano, y no solo de unos pocos escogidos. Los tesalonicenses sufrieron porque ellos adoptaron el evangelio, al igual que Pablo sufrió por llevarles el evangelio a ellos.

Vimos que los tesalonicenses no trataron de alejarse debido a sus dificultades; al contrario, ellos confiaron en Dios y Él los capacitó para perseverar.

Ellos fueron considerados dignos del reino de Dios porque aceptaron su aflicción con una fe firme.

Esta semana daremos una mirada más cercana a la vida de Pablo para lograr un mayor entendimiento de por qué los creyentes sufren, y de qué formas.

OBSERVA

Al considerar el ejemplo de Pablo, empecemos con un pasaje en que Dios habló acerca de Pablo a un discípulo llamado Ananías, justo después de que aquel que sería un apóstol tuviera un encuentro con Cristo en el camino a Damasco.

Líder: *Lee en voz alta Hechos 9:15-16.*

- *Pide que el grupo encierre en un círculo los pronombres* ***él*** *y* ***le*** *que se refieren a Pablo.*

DISCUTE

- ¿Cuál era el propósito de Dios para la vida de Pablo?

Hechos 9:15–16

15 Pero el Señor le dijo: "Ve, porque él es Mi instrumento escogido, para llevar Mi nombre en presencia de los Gentiles, de los reyes y de los Israelitas;

16 porque Yo le mostraré cuánto debe padecer por Mi nombre."

Hechos 13:44–45. 49–50

44 El siguiente día de reposo casi toda la ciudad se reunió para oír la palabra del Señor.

45 Pero cuando los Judíos vieron la muchedumbre, se llenaron de celo, y blasfemando, contradecían lo que Pablo decía.

49 Y la palabra del Señor se difundía por toda la región.

50 Pero los Judíos instigaron a las mujeres piadosas (religiosas o devotas) y distinguidas, y a los hombres más prominentes de la ciudad, y provocaron una persecución contra Pablo y Bernabé, y los expulsaron de su región.

- ¿Por qué sufriría Pablo?

OBSERVA

Teniendo en mente lo que recién has aprendido, observemos qué le sucedió a Pablo en su primer viaje misionero, cuando estaba acompañado por Bernabé.

***Líder**: Lee en voz alta Hechos: 13:44-45, 49-50. Pide que el grupo:*

- *Dibuje un rectángulo sobre cada referencia a **la palabra del Señor:** ▭*
- *Coloque una **J** sobre cada referencia a los judíos.*

DISCUTE

- ¿Qué aprendes de marcar "la palabra del Señor"?
- ¿Cómo respondieron los judíos a la predicación de Pablo de la palabra de Dios?
- ¿Qué apreciación tienes de este incidente en las vidas de Pablo y Bernabé, sobre las posibles consecuencias de proclamar la verdad de Dios?

- ¿Has sufrido alguna vez por compartir el evangelio? Si es así, describe tu experiencia.

OBSERVA

Aprendamos más acerca de la experiencia de Pablo, leyendo una porción de su carta a Timoteo, cuyas acciones contrasta con aquellos hombres que se han opuesto a la verdad.

***Líder**: Lee en voz alta 2 Timoteo 3:10-12.*

- *A medida que lees, Pide al grupo que marque persecuciones y **sufrimientos**, como lo hicieron antes:* 

DISCUTE

- ¿Qué ha estado sucediendo en la vida de Pablo?

- ¿Cómo respondió Timoteo al ejemplo de Pablo?

- ¿Qué puedes aprender del ejemplo de Pablo?

- ¿Cómo debería impactar la experiencia de Pablo, a tu reacción frente al sufrimiento?

2 Timoteo 3:10–12

10 Pero tú has seguido mi enseñanza, mi conducta, propósito, fe, paciencia, amor, perseverancia,

11 mis persecuciones, sufrimientos, como los que me acaecieron en Antioquía, en Iconio y en Listra. ¡Qué persecuciones sufrí! Y de todas ellas me libró el Señor.

12 Y en verdad, todos los que quieren vivir piadosamente en Cristo Jesús, serán perseguidos.

2 Corintios 1:8–9

8 Porque no queremos que ignoren, hermanos, acerca de nuestra aflicción sufrida en Asia (provincia occidental de Asia Menor). Porque fuimos abrumados sobremanera, más allá de nuestras fuerzas, de modo que hasta perdimos la esperanza de *salir con* vida.

9 De hecho, dentro de nosotros mismos ya teníamos la sentencia de muerte, a fin de que no confiáramos en nosotros mismos, sino en Dios que resucita a los muertos,

OBSERVA

En este siguiente pasaje Pablo está hablando a los creyentes que vivían en Corinto, sobre las cosas que él y Timoteo han experimentado.

***Líder**: Lee en voz alta 2 Corintios 1:8-9 y pide que el grupo...*

- *marque **aflicción** como antes:*
- *encierre en un círculo los pronombres plurales **nosotros, nuestra.***

DISCUTE

- Describe cómo fueron afectados Pablo y Timoteo por la aflicción que vino sobre ellos.
- ¿Cuál era el propósito de este sufrimiento? (Nota la frase “de hecho” en el versículo 9).
- Describe una situación en la que hayas estado excesivamente cargado-agobiado, más allá de tus propias fuerzas. ¿Cómo respondiste en ella?

ACLARACIÓN

La semana pasada aprendimos que la palabra griega para aflicción es *dslípsis*, que significa "apretar o exprimir". Esa palabra usualmente se refiere al sufrimiento por circunstancias externas. La aflicción podría ser cualquier cosa que afecte a tu espíritu. En 2 Corintios 1:8, Pablo nos indica de una aflicción que era excesivamente mayor a sus habilidades de afrontamiento.

- Ahora, solo para asegurarnos que no pierdas este punto, de acuerdo a lo que Pablo escribió a los corintios, ¿Qué es lo que nos enseñan situaciones como éstas?

OBSERVA

***Líder**: Lee en voz alta lo que Pablo dice a los creyentes en 2 Corintios 4:7-11. Pide que el grupo...*

- *Encierre en un círculo cada referencia a **nosotros** y **nuestro** junto con sus variantes verbales.*
- *Dibuja una línea diagonal (/) entre las frases en las que Pablo muestra **un contraste.** Estos contrastes están usualmente indicados por la palabra "pero".*

2 Corintios 4:7–11

7 Pero tenemos
este tesoro en vasos
de barro, para que
la extraordinaria
grandeza del poder
sea de Dios y no de
nosotros.

8 Afligidos
en todo, pero
no agobiados;
perplejos, pero no
desesperados;

9 perseguidos,
pero no
abandonados;
derribados, pero no
destruidos.

10 Llevamos
siempre en el
cuerpo por todas
partes la muerte
de Jesús, para que
también la vida de
Jesús se manifieste
en nuestro cuerpo.

11 Porque nosotros
que vivimos,
constantemente
estamos siendo
entregados a muerte
por causa de Jesús,
para que también
la vida de Jesús
se manifieste en
nuestro cuerpo
mortal.

ACLARACIÓN

El tesoro del que se habla en el versículo 7 es un tesoro espiritual relacionado con la vida eterna, el mensaje del evangelio. La frase vasos de barro se refiere al cuerpo humano, como el recipiente dentro del cual se encuentra el tesoro. El cuerpo es débil en contraste con el gran poder que encontramos en Dios.

DISCUTE

- ¿Qué aprendes de marcar las referencias a Pablo y sus compañeros creyentes en estos versículos?

- ¿Qué revelan los contrastes sobre su respuesta a las circunstancias difíciles?

- ¿Por qué estaban sufriendo? De acuerdo a los versículos 10 y 11, ¿qué alcanzarían a través de sus aflicciones?

- ¿Cuál era el papel de Dios en todo esto?

OBSERVA

***Líder**: Lee en voz alta 2 Corintios 11:30 y 2 Corintios 12:9-10.*

- *Pide que el grupo dibuje un rectángulo sobre los pronombres **me** y **mis, mí, soy,** que se refieren a Pablo.*

***Líder**: Lee en voz alta estos mismos versículos una vez más y pide que el grupo haga lo siguiente:*

- *Dibuje una línea ondeada sobre cada referencia a **débil** o **debilidad**:*
- *Dibuje una nube como esta sobre cada referencia a **poder** o **fuerza**.*

DISCUTE

- ¿Qué aprendes de marcar las referencias a Pablo? ¿Acerca de qué escogió él gloriarse?
- ¿Cuál era la actitud de Pablo referente a la debilidad y por qué?
- ¿Por qué Pablo pudo responder a sus circunstancias de esta manera?
- ¿Cuál es tu actitud hacia las debilidades?

2 Corintios 11:30

30 Si tengo que
gloriarme, me
gloriaré en cuanto a
mi debilidad.

2 Corintios 12:9–10

9 Y El me ha dicho:
"Te basta Mi gracia,
pues Mi poder
se perfecciona
en la debilidad."
Por tanto, con
muchísimo gusto
me gloriaré más
bien en mis
debilidades, para
que el poder de
Cristo more en mí.

10 Por eso me
complazco en las
debilidades, en
insultos (maltratos),
en privaciones, en
persecuciones y en
angustias por amor
a Cristo, porque
cuando soy débil,
entonces soy fuerte.

- ¿Cómo se compara esto con el punto de vista del mundo respecto al débil o a las debilidades de alguien?

ACLARACIÓN

La palabra griega *járis*, traducida en este pasaje como gracia, significa "gracia, regalo o favor inmerecido". Somos salvados por gracia, de acuerdo a Efesios 2:8-9. También vivimos por gracia. Dios nos capacita de forma divina con la fuerza que es continuamente suficiente para sobrepasar nuestras debilidades. En Su gracia recibimos el poder para hacer lo que no podemos hacer por nosotros mismos. Pero primero debemos reconocer nuestra debilidad, someternos a Dios y poner nuestra confianza en Él.

- ¿Cómo puedes aplicar esta aclaración, referente a la gracia, a tu vida y circunstancias?

OBSERVA

Leamos más acerca de la respuesta de Pablo al sufrimiento.

***Líder**: Lee en voz alta 2 Corintios 7:5-7. Pide que el grupo...*

- *Marque cada referencia a **tribulación**:* 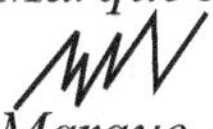
- *Marque cada referencia a **consuelo** con una* **C**.

DISCUTE

- Describe las tribulaciones de Pablo.

- ¿De qué maneras puedes relacionarte con esta experiencia?

- ¿Cómo fue consolado Pablo?

- ¿Dónde encuentras consuelo en medio del sufrimiento o la aflicción?

OBSERVA

Hemos visto cómo Pablo encontró fortaleza y consuelo en medio de su sufrimiento. En el siguiente pasaje, leeremos más acerca de su perspectiva en las circunstancias difíciles.

2 Corintios 7:5–7

5 Pues aun
cuando llegamos a
Macedonia, nuestro
cuerpo no tuvo
ningún reposo,
sino que nos vimos
atribulados por
todos lados: por
fuera, conflictos;
por dentro, temores.

6 Pero Dios, que
consuela a los
deprimidos, nos
consoló con la
llegada de Tito;

7 y no sólo con
su llegada, sino
también con el
consuelo con que
él fue consolado
en ustedes,
haciéndonos saber
el gran afecto de
ustedes, su llanto
y su celo por mí;
de manera que me
regocijé aún más.

Filipenses 1:12–14

12 Quiero
que sepan,
hermanos, que las
circunstancias *en
que me he visto*, han
redundado en un
mayor progreso del
evangelio,

13 de tal manera
que mis prisiones
por *la causa de*
Cristo se han hecho
notorias en toda la
guardia pretoriana
(en todo el palacio
del gobernador) y a
todos los demás.

14 La mayoría
de los hermanos,
confiando en el
Señor por causa
de mis prisiones,
tienen mucho más
valor para hablar la
palabra de Dios sin
temor.

Romanos 8:35–39

14 ¿Quién nos
separará del
amor de Cristo?
¿Tribulación,
o angustia, o
persecución, o

Líder*: Lee en voz alta Filipenses 1:12-14.*

- *A medida que lees, pide que el grupo dibuje un rectángulo sobre cada referencia a* ***Pablo****, incluyendo los pronombres y variantes verbales.*

DISCUTE

- ¿Qué aprendiste acerca de Pablo? ¿Cuáles eran sus circunstancias?

- ¿Cómo veía Pablo sus circunstancias?

- Si estuvieras prisionero – literalmente o figurativamente – por el sufrimiento o las aflicciones a causa de Cristo, ¿cuál sería tu actitud y enfoque?

- Si otros hubieran seguido tu ejemplo ¿qué impacto tendría esto en ellos? ¿Y en aquellos alrededor de ellos?

OBSERVA

Pablo no solo sobrevivió a sus sufrimientos; él vivió victoriosamente en medio de circunstancias difíciles.

***Líder**: Lee Romanos 8:35-39 en voz alta. Pide que el grupo...*

- *Dibuje un rectángulo sobre los pronombres* ***nos, somos, estoy,*** *los que se refieren a Pablo y sus compañeros creyentes:*
- *Marque cada referencia a* ***amor*** *con un corazón:*

DISCUTE

- ¿Qué aprendes al marcar los pronombres nos, somos, estoy?
- ¿A quién se aplican estas verdades?
- Como seguidores de Cristo, ¿en qué deberíamos enfocarnos cuando las tribulaciones, persecuciones y aflicciones nos abruman?
- ¿Has dudado alguna vez del amor de Dios en medio de tu sufrimiento? ¿Qué aprendiste al marcar amor en este pasaje? ¿Cómo afecta esto tu manera de ver el sufrimiento y a Dios?
- ¿Qué tan convencido estaba Pablo del amor de Dios? ¿Y qué tan convencido lo estás tú?

hambre, o desnudez,
o peligro, o espada?

36 Tal como está
escrito: "POR
CAUSA TUYA
SOMOS PUESTOS
A MUERTE TODO
EL DIA; SOMOS
CONSIDERADOS
COMO OVEJAS
PARA EL
MATADERO."

37 Pero en todas
estas cosas somos
más que vencedores
por medio de Aquél
que nos amó.

38 Porque estoy
convencido de que
ni la muerte, ni la
vida, ni ángeles,
ni principados, ni
lo presente, ni lo
por venir, ni los
poderes,

39 ni lo alto, ni
lo profundo, ni
ninguna otra cosa
creada nos podrá
separar del amor
de Dios que es en
Cristo Jesús Señor
nuestro.

FINALIZANDO

Pablo, el principal perseguidor de la iglesia primitiva, se convirtió en uno de los perseguidos por su creencia en Jesucristo. Después que Pablo se encontró con Jesucristo en el camino a Damasco, Dios lo llamó a llevar el nombre de Jesús a los gentiles, advirtiéndole que sufriría por amor a Su nombre. Aún así, Pablo nunca dejó de predicar la Palabra de Dios. Sin tomar en cuenta el costo, Pablo perseveró.

Su vida revela lo que significa vivir victoriosamente en medio de pruebas y sufrimiento. A pesar de que estaba excesivamente agobiado, más allá de sus fuerzas, aún así, él no confió en sí mismo; él confió en Dios. Pablo fue afligido con conflictos externos y con temores internos, pero era consolado por Dios y por otros. Él reconoció que era una vasija humanamente débil, que sus fuerzas estaban en Dios y no en su interior. Pablo nos demostró que nada puede separarnos del amor de Cristo, y nos reveló la clave de la victoria: Somos más que vencedores a través de Cristo Jesús.

¿Has estado alguna vez agobiado por los desafíos y dificultades de la vida? ¿Cómo respondes cuando tienes que tratar con tus conflictos y temores? ¿Estás siguiendo el ejemplo de Pablo?

¿Qué harás con las verdades que has aprendido esta semana? Cuando los conflictos vengan, cuando las relaciones estén tensas por las presiones de la vida, ¿cómo responderás? ¿Correrás escapando en la dirección contraria? ¿Tomarás las cosas en tus propias manos y tratarás de resolver tus problemas? ¿O confiarás en que el Señor será tu fortaleza?

TERCERA SEMANA

Cuando nos enfocamos en Pablo, en nuestra lección anterior, aprendimos sobre los sufrimientos y las persecuciones que él enfrentó. Observamos su confianza en la toda suficiente gracia de Dios que lo capacitaba para perseverar. Pablo permaneció firme en su fe; él no se retractó o retrocedió en el cumplimiento de la misión que Dios le había encomendado. Entonces, ¿por qué Dios permitió que este fiel siervo sufriera tanto? Y ¿por qué permite el dolor en nuestras vidas?

OBSERVA

Empezaremos nuestro estudio de esta semana evaluando lo que Jesús dijo a Sus discípulos sobre el rol del sufrimiento en sus vidas.

***Líder**: Lee en voz alta Juan 15:18-21.*

- *Pide que el grupo encierre con un círculo los pronombres **los, ustedes, su** y las variantes verbales que se refieren a los discípulos de Jesús:*

Recuerda pedir que los estudiantes digan en voz alta la palabra que están marcando, para que puedan estar seguros de anotar todas las referencias.

***Líder**: Lee otra vez, y en voz alta, Juan 15:18-21 pidiendo que el grupo...*

- *Marque cada referencia a **odiar** u **odiado**, así:*
- *Marque cada referencia a **perseguir**:*

Juan 15:18–21

18 "Si el mundo
los odia, sepan que
Me ha odiado a Mí
antes que a ustedes.

19 "Si ustedes
fueran del mundo,
el mundo amaría lo
suyo; pero como no
son del mundo, sino
que Yo los escogí de
entre el mundo, por
eso el mundo los
odia.

20 "Acuérdense
de la palabra que
Yo les dije: 'Un
siervo no es mayor
que su señor.' Si
Me persiguieron
a Mí, también
los perseguirán

a ustedes; si
guardaron Mi
palabra, también
guardarán la de
ustedes.

21 "Pero todo eso
les harán por causa
de Mi nombre,
porque no conocen
a Aquél que Me
envió.

1 Pedro 2:18–21

18 Siervos, estén
sujetos a sus amos
con todo respeto, no
sólo a los que son
buenos y afables,
sino también
a los que son
insoportables.

19 Porque esto
halla gracia, si
por causa de la
conciencia ante
Dios, alguien
sobrelleva
penalidades
sufriendo
injustamente.

DISCUTE

- ¿Qué aprendes sobre los discípulos de Jesús, al marcar odiar y perseguir?
- De acuerdo a estos versículos, ¿por qué sufren los creyentes?
- ¿Cómo se relaciona esto contigo? ¿Has experimentado alguna vez odio o persecución por tu relación con Cristo?
- ¿Qué verdades específicas en este pasaje te ayudarán a resistir el odio y las persecuciones?

OBSERVA

***Líder**: Lee en voz alta 1 de Pedro 2:18-21. Pide que el grupo...*

- *Encierre en un círculo los pronombres **ustedes, sus** y sus variantes verbales que se refieran a los creyentes:*
- *Marque cada referencia a **sufrimiento** tal como antes:*

***Líder**: Lee en voz alta 1 de Pedro 2:18-21, otra vez.*

- *Dibuja un rectángulo sobre cada referencia a **esto halla gracia.***

DISCUTE

- ¿De qué manera se instruye a los siervos a responder a sus amos?

- ¿Qué aprendes al marcar sufrimiento? ¿Qué razón se da en este pasaje, para el sufrimiento de los creyentes?

- ¿Qué halla favor con Dios?

- De acuerdo al versículo 21, ¿para qué propósito han sido llamados los creyentes?

OBSERVA

Líder*: Lee en voz alta 1 de Pedro 2:21-24.*

- *Pide al grupo que marque cada referencia a* ***Cristo****, incluyendo los pronombres, con una cruz:* ✝

20 Pues ¿qué
mérito hay, si
cuando ustedes
pecan y son tratados
con severidad
lo soportan con
paciencia? Pero si
cuando hacen lo
bueno sufren *por
ello* y lo soportan
con paciencia, *esto
halla gracia* con
Dios.

21 Porque para
este propósito han
sido llamados, pues
también Cristo
sufrió por ustedes,
dejándoles ejemplo
para que sigan Sus
pasos,

1 Pedro 2:21–24

21 Porque para
este propósito han
sido llamados, pues
también Cristo
sufrió por ustedes,
dejándoles ejemplo
para que sigan Sus
pasos,

22 EL CUAL
NO COMETIO
PECADO,
NI ENGAÑO
ALGUNO SE
HALLO EN SU
BOCA;

23 y quien cuando
Lo ultrajaban,
no respondía
ultrajando. Cuando
padecía, no
amenazaba, sino
que se encomendaba
a Aquél que juzga
con justicia.

24 El mismo llevó
(cargó) nuestros
pecados en Su
cuerpo sobre la
cruz, a fin de que
muramos al pecado
y vivamos a la
justicia, porque por
Sus heridas fueron
ustedes sanados.

DISCUTE

- Mira cada lugar donde marcaste Jesús y nota lo que aprendiste sobre Su ejemplo en el sufrimiento. Discute las acciones específicas que Jesús escogió o no escogió seguir como respuesta al sufrimiento.

- ¿Las personas usualmente de qué maneras responden cuando son tratadas áspera o injustamente?

ACLARACIÓN

Ultrajar significa "abusar verbalmente".

- Basándote en lo que observaste de la respuesta de Jesús cuando Él sufrió, ¿qué cosas específicas deberías hacer o no hacer cuando te enfrentas al sufrimiento?

- ¿Cómo se asemeja tu vida al ejemplo de Cristo? Cuando otros te ven sufrir, ¿qué similaridades o diferencias notan entre tú y Jesús?

OBSERVA

***Líder**: Lee en voz alta Hebreos 5:8.*

- *Pide al grupo que marque cada referencia a **Cristo**, incluyendo los pronombres, con una cruz:* 

DISCUTE

- ¿Qué aprendes sobre Jesús en este pasaje?

- ¿Qué indica este versículo que podemos aprender acerca de nuestro propio sufrimiento?

OBSERVA

Hemos visto la respuesta de Cristo al sufrimiento. Ahora, veamos maneras específicas en que Su ejemplo puede guiar nuestra propia respuesta a las pruebas.

***Líder**: Lee en voz alta 1 de Pedro 4:1-2, 14-16, 19. Pide que los estudiantes...*

- *Marquen **sufrimiento** como antes:* 
- *Subrayen **<u>las instrucciones</u>** dadas a los creyentes en este pasaje.*

Hebreos 5:8

8 Aunque era Hijo,
aprendió obediencia
por lo que padeció;

1 Pedro 4:1–2, 14–16, 19

1 Por tanto,
puesto que Cristo
ha padecido en
la carne, ármense
también ustedes con
el mismo propósito,
pues quien ha
padecido en la carne
ha terminado con el
pecado,

2 para vivir el
tiempo que *le* queda
en la carne, ya no
para las pasiones
humanas, sino para
la voluntad de Dios.

14 Si ustedes son
insultados por el
nombre de Cristo,
dichosos son, pues
el Espíritu de gloria

y de Dios reposa sobre ustedes. Ciertamente, por ellos El es blasfemado, pero por ustedes es glorificado.

15 Que de ninguna manera sufra alguien de ustedes como asesino, o ladrón, o malhechor, o por entrometido.

16 Pero si *alguien sufre* como Cristiano, que no se avergüence, sino que como tal (en ese nombre) glorifique a Dios.

19 Así que los que sufren conforme a la voluntad de Dios, encomienden sus almas al fiel Creador, haciendo el bien.

1 Pedro 3:14–17

14 Pero aun si sufren por causa de la justicia, dichosos *son* . Y NO TENGAN MIEDO POR TEMOR A ELLOS NI SE TURBEN,

DISCUTE

- ¿Qué aprendes al marcar sufrimiento? ¿Cuáles son algunas de las razones por las que podría sufrir una persona?

- ¿Qué eres instruido a hacer cuando sufres? ¿Por qué?

OBSERVA

***Líder**: Lee en voz alta 1 de Pedro 3:14-17.*
Pide que el grupo...

- *Marque **justicia** con una **J.***
- *Dibuje un rectángulo sobre la palabra **dichoso**:*

***Líder**: Lee nuevamente estos versículos en voz alta. Pide que el grupo...*

- *Marque toda referencia a **sufrimiento** como antes:*
- *Subraye las **instrucciones** dadas a los creyentes en este pasaje, es decir, aquellas cosas que debemos hacer y no hacer.*

DISCUTE

- Mira los lugares donde has marcado las referencias a sufrimiento y persecución, y discute las razones para este sufrimiento.

- ¿Qué beneficios o resultados vienen del sufrimiento?

ACLARACIÓN

La palabra griega traducida en este pasaje como dichoso es *makários*. Significa "estar completamente satisfecho". Esta satisfacción solo viene de Dios y no depende de las circunstancias.

15 sino santifiquen
a Cristo como Señor
en sus corazones,
estando siempre
preparados para
presentar defensa
ante todo el que les
demande razón de
la esperanza que
hay en ustedes.
Pero *háganlo* con
mansedumbre y
reverencia,

16 teniendo buena
conciencia, para que
en aquello en que
son calumniados,
sean avergonzados
los que hablan
mal de la buena
conducta de ustedes
en Cristo.

17 Pues es mejor
padecer por hacer
el bien, si así es la
voluntad de Dios,
que por hacer el
mal.

- Mira las instrucciones que has subrayado. ¿Qué debes hacer cuando sufres? ¿De qué maneras no debes responder?

- Considera una reciente – o actual – circunstancia en tu vida que involucre el sufrimiento. ¿Fue tu reacción de acuerdo con las instrucciones de la Escritura? ¿De qué maneras cambiarías tu forma de reaccionar frente a las pruebas, en futuras circunstancias?

Mateo 5:11–12

11 "Bienaventurados serán cuando los insulten y persigan, y digan todo género de mal contra ustedes falsamente, por causa de Mí.

12 "Regocíjense y alégrense, porque la recompensa de ustedes en los cielos es grande, porque así persiguieron a los profetas que fueron antes que ustedes.

OBSERVA

Veamos un pasaje donde Jesús aconsejó a Sus seguidores acerca de cómo conducir sus vidas si querían heredar el reino de Dios.

***Líder**: Lee en voz alta Mateo 5:11-12. Pide que el grupo diga en voz alta y...*

- *Marque cada referencia a **perseguir**:*
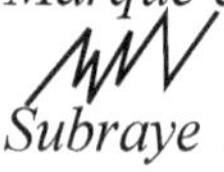
- *Subraye las **instrucciones** que Jesús dio a Sus seguidores.*

DISCUTE

- De acuerdo a estos versículos, ¿los seguidores de Jesús qué tipo de sufrimiento pueden esperar?
- ¿Cómo deben responder?
- ¿Qué estímulo encuentras en este pasaje? ¿Qué promesas puedes ver?

OBSERVA

***Líder**: Lee en voz alta Romanos 8:18.*

- *Pide al grupo que marque **sufrimiento** como antes.*

1 Samuel 7:3–6

18 Pues considero que los sufrimientos de este tiempo presente no son dignos de ser comparados con la gloria que nos ha de ser revelada.

DISCUTE

- ¿Qué aprendiste sobre los sufrimientos?
- ¿Cómo puede aplicarse esta verdad, cuando estés lidiando con el dolor en tu propia vida?

OBSERVA

***Líder**: Lee en voz alta 1 de Pedro 4:12-14. Pide que el grupo...*

1 Pedro 4:12–14

12 Amados, no
se sorprendan del
fuego de prueba
que en medio de
ustedes ha venido
para probarlos,
como si alguna cosa
extraña les estuviera
aconteciendo.

13 Antes bien,
en la medida en
que comparten los
padecimientos de
Cristo, regocíjense,
para que también en
la revelación de Su
gloria se regocijen
con gran alegría.

14 Si ustedes son
insultados por el
nombre de Cristo,
dichosos son, pues
el Espíritu de gloria
y de Dios reposa
sobre ustedes.
Ciertamente,
por ellos El es
blasfemado, pero
por ustedes es
glorificado.

- *Encierre en un círculo los pronombres* ***se*** *y* ***ustedes****, que se refieren a los creyentes.*
- *Subraya* ***las instrucciones*** *dadas a los creyentes en este pasaje, aquellas cosas que debemos hacer y no hacer.*

ACLARACIÓN

La palabra fuego, en el versículo 12, fue traducida de la palabra griega *púrosis*. En este pasaje se refiere a quemarse, el proceso usado para refinar o purificar los metales; lo mismo ocurre con las pruebas o calamidades que prueban o purifican el carácter de una persona.
En el mismo versículo, la palabra probaros fue traducida de la palabra griega *peirasmós*. En este contexto, la prueba es enviada por Dios o permitida por Dios, e indica refinar el carácter de alguien para probar su fidelidad.

DISCUTE

- ¿Qué instrucciones recibe el creyente?

- Teniendo en mente las definiciones que has aprendido, ¿a qué conclusión llegas respecto al sufrimiento?

- ¿Qué has aprendido del beneficio personal del sufrimiento?

OBSERVA

***Líder**: Lee en voz alta Salmos 66:8-12.*

- *Pide al grupo que marque cada referencia a **Dios**, incluyendo los pronombres **Tú** y **Él** con un triángulo:* △

DISCUTE

- ¿Qué aprendes de marcar Dios en estos versículos? ¿Qué ha hecho Él para y por Su pueblo?

- ¿Cómo se relaciona esto con lo que acabas de aprender en 1 Pedro 4:12-14?

- ¿Cuál es el resultado final de este proceso de refinamiento?

- Comparte algunas maneras en que Dios te haya probado. ¿Cuáles fueron los resultados? Basado en lo que has aprendido esta semana, ¿cómo podrías responder a una prueba similar en el futuro?

Salmo 66:8–12

8 Bendigan, oh pueblos, a nuestro Dios, Y hagan oír la voz de Su alabanza.

9 El es quien nos guarda con vida, Y no permite que nuestros pies resbalen.

10 Porque Tú nos has probado, oh Dios; Nos has refinado como se refina la plata.

11 Nos metiste en la red; Carga pesada pusiste sobre nuestros lomos.

12 Hiciste cabalgar hombres sobre nuestras cabezas; Pasamos por el fuego y por el agua, Pero Tú nos sacaste a *un lugar de* abundancia.

FINALIZANDO

Reflexiona por un momento en el antiguo proceso de refinar y purificar los metales: El platero calentaba la plata mineral en un crisol de arcilla y controlaba la temperatura del fuego usando fuelles manteniendo siempre el control.

A medida que la plata se calentaba, las impurezas salían a flote y el platero las sacaba de la superficie. Este proceso era repetido hasta que todas las impurezas fueran sacadas. El platero sabía que el proceso ya estaba completo cuando podía ver su propia imagen reflejada en la plata.

Así también Dios, refina a Sus preciosos hijos a través de un proceso similar. Como el platero, Él lanza a Su pueblo al horno de la aflicción, al fuego del refinador. Él controla la intensidad de la prueba, sabiendo cuánto calor es necesario para sacar las impurezas a la superficie. Y Dios nunca nos deja o nos abandona, pues permanece con nosotros a través del proceso de refinamiento, teniendo en mente Su propósito final de refinarnos y purificarnos para que podamos reflejar Su imagen.

Cuando estás en medio de una prueba, ¿qué estas reflejando a quienes te rodean? ¿Pueden los demás ver al Señor y Su carácter reflejado en tu vida? ¿Le trae honra tu respuesta y demuestra tu fe?

CUARTA SEMANA

En nuestro estudio de las semanas anteriores, hemos observado el ejemplo de Pablo, quien estaba excesivamente sobrecargado, abrumado por todos lados debido a conflictos externos y temores internos. Aún así Pablo escogió confiar en Dios y no en sí mismo.

Hemos visto también que la respuesta de Cristo al sufrimiento es un ejemplo que debemos de seguir. Él nunca actuó independientemente de Dios Padre, sino que confió todo a Dios quien juzga justamente.

Nuestro estudio ha confirmado que, como creyentes, sufriremos por nuestra fe. Incluso podríamos llegar a ser perseguidos por hacer lo correcto. Aunque esto sea difícil de entender, estas pruebas son un regalo de nuestro Dios de gracia, quien usa el sufrimiento para purificarnos y probar nuestra fidelidad, para que lo reflejemos a otros. Nuestra respuesta a las pruebas y dificultades deberían traer honor y gloria al Señor.

Esta semana descubriremos cómo el vivir de acuerdo a estas verdades impactará la vida de un creyente. Empezaremos mirando el ejemplo de Job, quien soportó pruebas que pocos de nosotros siquiera podríamos imaginar.

OBSERVA

***Líder**: Lee en voz alta Job 1:6-12. A medida que lees pide que el grupo haga lo siguiente:*

- *Marque **Dios**, los pronombres y sinónimos que se refieren a Él, con un triángulo:* △
- *Dibuje un tridente, sobre cada referencia a **Satanás**, como este:* ψ

Job 1:6–12

6 Un día, cuando
los hijos de
Dios vinieron a
presentarse delante
del SEÑOR, Satanás
(el adversario) vino
también entre ellos.

7 Y el SEÑOR
preguntó a Satanás:
"¿De dónde
vienes?" Entonces
Satanás respondió

al SEÑOR: "De
recorrer la tierra y
de andar por ella."

8 Y el SEÑOR dijo
a Satanás: "¿Te has
fijado en Mi siervo
Job? Porque no hay
ninguno como él
sobre la tierra; es un
hombre intachable
(íntegro) y recto,
temeroso de Dios y
apartado del mal."

9 Satanás
respondió al SEÑOR:
"¿Acaso teme Job a
Dios de balde?

10 "¿No has
hecho Tú una valla
alrededor de él, de
su casa y de todo
lo que tiene, por
todos lados? Has
bendecido el trabajo
de sus manos y
sus posesiones han
aumentado en la
tierra.

***Líder**: Lee en voz alta Job 1:6-12 por segunda vez.*

- *Encierra en un círculo **Job** y los pronombres que se refieren a él:* ◯

DISCUTE

- Haz un breve resumen de lo que está sucediendo en este pasaje.

- Empezando por el versículo 6, ¿qué aprendes al marcar las referencias a Satanás?

- ¿Cómo describe Dios a Job? ¿Qué aprendes acerca de la relación de Job con Dios?

- ¿Qué pregunta hace Satanás respecto al motivo por el que Job sirve y teme a Dios? De acuerdo a Satanás, ¿cómo respondería Job al sufrimiento?

- ¿Qué resultado hubo de la reunión entre Dios y Satanás?

- ¿Quién inició el análisis de Job?

11 "Pero extiende ahora Tu mano y toca todo lo que tiene, *y verás* si no Te maldice en Tu *misma cara.*"

12 Entonces el SEÑOR dijo a Satanás: "Todo lo que él tiene está en tu poder; pero no extiendas tu mano sobre él." Y Satanás salió de la presencia del SEÑOR.

OBSERVA

***Líder**: Lee en voz alta 1 de Pedro 5:8.*

- *Pide al grupo que marque el **diablo** y **adversario** con un tridente:* ψ

DISCUTE

- ¿Qué aprendiste acerca del diablo? ¿Cuál es su motivo? ¿Qué oportunidad está buscando?

1 Pedro 5:8

8 Sean de *espíritu* sobrio, estén alerta. Su adversario, el diablo, anda *al acecho* como león rugiente, buscando a quien devorar.

• ¿Cómo se relaciona esto con lo que has aprendido en Job 1:6-12?

Job 1:20–22

20 Entonces
Job se levantó,
rasgó su manto, se
rasuró la cabeza,
y postrándose en
tierra, adoró,

21 y dijo:
"Desnudo salí del
vientre de mi madre
Y desnudo volveré
allá. El SEÑOR dio
y el SEÑOR quitó;
Bendito sea el
nombre del SEÑOR."

22 En todo esto
Job no pecó ni culpó
a Dios.

OBSERVA

Como resultado de la primera conversación de Dios con Satanás, a Job todo le fue quitado – sus hijos, sus sirvientes, sus posesiones, su salud y su fortuna.

Líder: *Lee en voz alta Job 1:20-22. Mientras lees, pide que el grupo diga en voz alta y...*

- *Encierre en un círculo cada referencia a* ***Job****.*

DISCUTE

• ¿Qué aprendes de la respuesta de Job a sus circunstancias difíciles?

• ¿Qué te dice esto acerca de la relación de Job con Dios?

OBSERVA

Líder*: Lee en voz alta Job 6:10; 42:10; y Santiago 5:11. A medida que lees pide que el grupo...*

- *Encierre en un círculo cada referencia a **Job**.*
- *Marque cada referencia al **Señor** con un triángulo:* △

ACLARACIÓN

La palabra griega traducida como sufrieron -en Santiago 5:11- es *jupomoné*. La misma palabra fue traducida como perseverancia en 2 Tesalonicenses 1:4, que estudiamos la semana uno.

Aquí, la palabra implica perseverar en una prueba, en las circunstancias difíciles.

Refleja fuerza de carácter que no le permite a una persona ceder o rendirse a la prueba o a las circunstancias.

DISCUTE

- ¿Cómo respondió Job al sufrimiento?

Job 6:10

10 Pero aún tengo consuelo, Y me regocijo en el dolor sin tregua, Que no he negado las palabras del Santo.

Job 42:10

10 Y el SEÑOR restauró el bienestar de Job cuando éste oró por sus amigos; y el SEÑOR aumentó al doble todo lo que Job había poseído.

Santiago 5:11

11 Miren que tenemos por bienaventurados a los que sufrieron (perseveraron). Han oído de la paciencia (firmeza) de Job, y han visto el resultado del proceder del Señor, que el Señor es muy compasivo y misericordioso.

- ¿Qué hizo el Señor por Job y cómo trató con Job?

- Como resultado de lo que has aprendido hasta el momento en esta lección, ¿quién o qué era la fuente del sufrimiento de Job?

- Detengámonos un momento a considerar las pérdidas específicas que Job experimentó. Tal vez quieras revisar Job 1:13-2:10.

- ¿El sufrimiento de Job fue traído sobre él porque había pecado en su vida?

- ¿Has experimentado alguna de estas pérdidas en tu propia vida? Si es así, ¿con qué preguntas luchaste? ¿Cómo respondiste a tu sufrimiento?

OBSERVA

***Líder**: Lee en voz alta Santiago 1:2-4. Pide que el grupo...*

- *Encierre en un círculo las palabras que se refieren al **creyente**, incluyendo **hermanos**, **se** y **vuestra**.*
- *Marque **pruebas** así:*

DISCUTE

- ¿Qué instrucciones específicas recibe el creyente? ¿Qué conocimiento capacita al creyente para responder de esta manera?

ACLARACIÓN

La palabra griega traducida como perfecto significa “maduro, completamente desarrollado”. No implica perfección, sino que se puede obtener ese objetivo propuesto.
Completo significa “entero, tener todas sus partes”.

Santiago 1:2–4

2 Tengan por
sumo gozo,
hermanos míos,
cuando se hallen
en diversas pruebas
(tentaciones),

3 sabiendo que
la prueba de su fe
produce paciencia
(perseverancia),

4 y que la
paciencia tenga
su perfecto
resultado, para que
sean perfectos y
completos, sin que
nada *les* falte.

- De acuerdo con lo que has leído en Santiago, ¿cómo se desarrolla el sufrimiento en la vida del creyente?

- ¿Qué saca el sufrimiento?

1 Pedro 1:6–7

6 En lo cual
ustedes se regocijan
grandemente,
aunque ahora, por
un poco de tiempo
si es necesario,
sean afligidos con
diversas pruebas
(tentaciones),

7 para que la
prueba de la fe
de ustedes, más
preciosa que el oro
que perece, aunque
probado por fuego,
sea hallada que
resulta en alabanza,
gloria y honor en
la revelación de
Jesucristo;

OBSERVA

Líder: *Lee en voz alta 1 de Pedro 1:6-7. Pide que el grupo...*

- *Encierre en un círculo los pronombres que se refieren al **creyente**.*
- *Marque **pruebas** y **probado** como antes.*

DISCUTE

- ¿Qué aprendiste sobre el propósito de las pruebas en la vida del creyente?

- ¿Qué aprendiste de la relación que hay entre las pruebas y la fe?

- ¿Cómo impactan las verdades de esta lección, tu entendimiento de las adversidades y dificultades que experimentas?

OBSERVA

En Romanos 1-4, el apóstol Pablo estableció que todos son pecadores y necesitan salvación. También dejó muy en claro que la salvación es encontrada solo a través de la fe en Cristo Jesús.
A la luz de estas verdades, Romanos 5:1 inicia con el término "por tanto", indicando el resultado para quienes han sido justificados o declarados justos por su fe.

***Líder**: Lee en voz alta Romanos 5:1-5.*
Pide que el grupo diga en voz alta y...

- *Encierre en un círculo los pronombres que se refieren al **creyente**, incluyendo **nuestro** y **nos**.*

***Líder**: Lee una vez más, y en voz alta, Romanos 5:1-5 para asegurarte de captar su significado.*

Romanos 5:1–5

1 Por tanto,
habiendo sido
justificados por la
fe, tenemos paz para
con Dios por medio
de nuestro Señor
Jesucristo,

2 por medio de
quien también
hemos obtenido
entrada por la fe
a esta gracia en la
cual estamos firmes,
y nos gloriamos en
la esperanza de la
gloria de Dios.

3 Y no sólo esto,
sino que también
nos gloriamos en
las tribulaciones,
sabiendo que
la tribulación
produce paciencia
(perseverancia);

4 y la paciencia
(perseverancia),
carácter probado; y
el carácter probado,
esperanza.

5 Y la esperanza
no desilusiona,
porque el amor
de Dios ha sido
derramado en
nuestros corazones
por medio del
Espíritu Santo que
nos fue dado.

DISCUTE

- De acuerdo con estos versículos, ¿qué recibe cada creyente como resultado de ser justificado?

- ¿Qué debe hacer cada creyente y por qué?

ACLARACIÓN

Gloriarnos significa "jactarse por algo".

En Romanos 5:3 la preposición en, pareciera una palabra pequeña e insignificante, pero es la clave para comprender el completo impacto de este pasaje. Es traducida de la palabra griega en, que significa "permanecer en el lugar o descansar en". En lugar de moverse hacia fuera o adentro de la situación, indica una total falta de movimiento. En otras palabras, uno está descansando, sin pretender alejarse de la tribulación.

La palabra griega traducida como produce es *katergázomai*, que significa "sacar una tarea y terminarla". En el contexto del pasaje en Romanos, la frase indica completar una tarea, que resulta en sacar algo que ya está presente. La tribulación en la vida del creyente saca perseverancia, porque la gracia de perseverar proviene de la fuerza interior que Dios nos ha dado.

- ¿Qué deberías hacer cuando te encuentras en una situación difícil? ¿Por qué?

OBSERVA

Ahora regresemos a Santiago 1, que nos dice lo que debemos hacer cuando no sabemos cómo manejar las circunstancias difíciles.

Santiago 1:5–8

5 Y si a alguno
de ustedes le falta
sabiduría, que se
la pida a Dios,
quien da a todos
abundantemente y
sin reproche, y le
será dada.

6 Pero que pida
con fe, sin dudar.
Porque el que duda
es semejante a la ola
del mar, impulsada
por el viento y
echada de una parte
a otra.

7 No piense, pues,
ese hombre, que
recibirá cosa alguna
del Señor,

8 *siendo* hombre
de doble ánimo (que
duda), inestable en
todos sus caminos.

***Líder**: Lee en voz alta Santiago 1:5-8.*

- *Pide que el grupo subraye las **instrucciones** dadas en este pasaje a los creyentes.*

ACLARACIÓN

La palabra griega para sabiduría es *Sofía*, que significa "sabiduría divina". La sabiduría se refiere a la habilidad del creyente para aplicar la perspectiva de Dios a asuntos en su vida.

DISCUTE

- De acuerdo con estos versículos, ¿qué debemos hacer nosotros, como creyentes, cuando nos encontramos en situaciones difíciles?

- ¿Cómo promete ayudar Dios, en las situaciones difíciles?

- ¿Cuáles son las condiciones que debemos cumplir para reclamar esta promesa?

OBSERVA

***Líder**: Lee en voz alta 1 Corintios 10:13.*
Pide que el grupo...

- *Marque las referencias a **tentación** y **tentado** con una* **T.**
- *Encierre en un círculo el pronombre **les**, que se refiere a los **creyentes**.*

ACLARACIÓN

La palabra griega para tentación es la misma palabra, ***peirasmós*** que se usa Santiago 1:2. Esta palabra puede ser traducida como "tentación o prueba". La tentación misma no es pecaminosa. Es el cómo escogemos responder a la tentación lo que determina el resultado. La tentación es una prueba de cómo escogeremos caminar; o en obediencia a Dios o en desobediencia pecando.

1 Corintios 10:13

13 No les ha sobrevenido ninguna tentación que no sea común a los hombres. Fiel es Dios, que no permitirá que ustedes sean tentados más allá de lo que pueden *soportar*, sino que con la tentación proveerá también la vía de escape, a fin de que puedan resistir*la*.

DISCUTE

- ¿Qué aprendiste en este versículo, sobre el creyente y la tentación?

- ¿Qué opción tiene una persona cuando enfrenta la tentación?

- ¿El conocer esto cómo te prepara para responder cuando seas tentado a hacer lo malo o cuando estés en una prueba?

Hebreos 2:18

18 Pues por cuanto El mismo fue tentado en el sufrimiento, es poderoso para socorrer a los que son tentados.

Hebreos 2:18

15 Porque no tenemos un Sumo Sacerdote que no pueda compadecerse de nuestras flaquezas, sino Uno que ha sido tentado en todo como *nosotros, pero* sin pecado.

OBSERVA

Hemos visto que Dios envía la tentación y las pruebas para probar nuestra fe, como parte del proceso de refinamiento para hacernos más como Cristo.

Miremos más de cerca a Jesús, quien no solo nos sirve como ejemplo, sino también como nuestro Intercesor y Sumo Sacerdote.

***Líder**: Lee en voz alta Hebreos 2:18 y Hebreos 4:15. Pide que el grupo...*

- *Marque las referencias a **Jesús**, incluyendo sus pronombres, con una cruz:* ✝
- *Marque con una* **T** *cada referencia a tentado.*

DISCUTE

- ¿Qué aprendes al marcar las referencias a Jesús?

- ¿Qué es verdadero para el creyente? ¿Qué ayuda encuentras en estos versículos, para tratar con la tentación?

OBSERVA

Líder*: Lee en voz alta Hebreos 12:1-3. A medida que lees, pide que el grupo...*

- *Encierre en un círculo los pronombres* ***nuestro, nos, se,*** *que se refieren al creyente:*
- *Marque* ***Jesús*** *y los pronombres que se refieren a Él con una cruz, tal como antes:*

Líder*: Lee en voz alta Hebreos 12:1-3 una vez más.*

- *Pide que el grupo subraye las* ***instrucciones*** *dadas a los creyentes en este pasaje.*

Hebreos 12:1–3

1 Por tanto,
puesto que tenemos
en derredor
nuestro tan gran
nube de testigos,
despojémonos
también de todo
peso y del pecado
que tan fácilmente
nos envuelve,
y corramos
con paciencia
(perseverancia) la
carrera que tenemos
por delante,

2 puestos los ojos
en Jesús, el autor y
consumador de la
fe, quien por el gozo

puesto delante de El soportó la cruz, despreciando la vergüenza, y se ha sentado a la diestra del trono de Dios.

3 Consideren, pues, a Aquél que soportó tal hostilidad de los pecadores contra El mismo, para que no se cansen ni se desanimen en su corazón.

ACLARACIÓN

La palabra griega para carrera es *agón*, de la que proviene nuestra palabra agonía.
La carrera de fe puede ser agonizante. Demanda disciplina y perseverancia. Seguir a Cristo no es una carrera de 100 metros, sino una maratón – y demanda nuestra totalidad.

DISCUTE

- De acuerdo con este pasaje, ¿qué se instruye hacer al creyente? ¿Por qué?

- ¿Cómo se prepara el creyente para hacer esto?

- ¿Qué aprendiste acerca de Jesús y de Su respuesta a la hostilidad? ¿Qué estímulo ofrece Su ejemplo?

ACLARACIÓN

Un peso es algo que te impide, te estorba o te pesa.

- ¿Cuáles son algunos de los pesos, trampas o impedimentos que te hacen caer en la carrera de la fe?

FINALIZANDO

Como Job, puede que hayas experimentado el sufrimiento, aún cuando temas a Dios y vivas justamente y sin culpa delante de Él. Y frente a nosotros tenemos confiables ejemplos a seguir, pues tenemos la seguridad, al examinar la vida de Jesucristo y de otros quienes han vivido antes que nosotros, de que también podremos soportar.

Las pruebas en nuestras vidas producen paciencia, tal como lo hizo en la vida de Job. En el caso de Job, Dios inició la prueba con Satanás, pero en Su soberanía y Su omnisciencia, Él sabía cuál sería el resultado.

En medio de su tremenda pena y dolor, Job continuó gloriando y alabando a Dios. Cuando otros podrían haber culpado a Dios o volverse a Él con furia, Job no pecó sino que se mantuvo fiel. Job pasó la prueba, y Dios bendijo los días finales de Job, mucho más de cómo lo había hecho en el principio.

Jesús no pecó cuando fue tentado. Él se confió a sí mismo al Padre cuando experimentó tremendas pruebas. Por eso, Él puede comprender nuestras debilidades y nuestras tentaciones, porque Él mismo ha pasado por todo esto.

Tal vez no siempre entendamos por qué tenemos que pasar por pruebas y dificultades, pero podemos descansar en el hecho de que Dios comprende y promete que nunca nos será dado más de lo que podamos soportar. Podemos estar seguros que Él está trabajando en Su propósito en nuestras vidas y usando nuestras experiencias para el beneficio de otros.

A medida que te enfrentas a los desafíos de vivir la vida de cristiano y de tratar con las pruebas y las dificultades...

- ¿Pondrás tus ojos en Jesús, el autor y perfeccionador de nuestra fe?
- ¿Dejarás de lado cada obstáculo que te aleje de terminar la carrera?
- ¿Correrás la carrera con paciencia sin terminar cansado y agobiado?
- ¿Serás un ejemplo para otros, de las verdades que has aprendido esta semana?

QUINTA SEMANA

¿Te has sentido alguna vez totalmente abrumado por las circunstancias sobre las que no has tenido control? A lo mejor pensaste que el dolor nunca iba a cesar o que tu atribulado corazón no encontraría nuevamente paz.

¿Dónde puedes acudir en esos tiempos de dificultad?

Dios quiere que nosotros vayamos a Él en nuestro dolor – para conocer de Él, para confiar en Él, y para conocer Su palabra – para que podamos vivir victoriosamente en medio de las circunstancias más desafiantes.

OBSERVA

Empecemos el estudio de esta semana leyendo la seguridad que Jesús les ofreció a Sus discípulos en el aposento alto la noche antes de ser crucificado.

***Líder**: Lee en voz alta Juan 14:1*

- *Pide que el grupo diga en voz alta y subraye* ***las instrucciones de Jesús a Sus discípulos.***

Juan 14:1

1 "No se turbe su corazón; crean en Dios, crean también en Mí.

DISCUTE

- ¿Qué fueron instruidos a hacer los discípulos? ¿Qué no debían hacer?

ACLARACIÓN

"No se turbe" en este versículo es traducción de la palabra griega *tarásso*. Significa "eliminar la calma de la mente". Implica una acción que golpea el espíritu de una persona con temor y duda.
Crean es traducción de la palabra griega *pisteúo* que significa "ser persuadido de, poner confianza en, creer, contar con."

- ¿Cómo expanden estas definiciones tu conocimiento, en este versículo?

OBSERVA

De acuerdo con lo que acabas de leer, no debemos tener corazones atribulados, ni estar llenos de temor y duda. Somos instruidos a mantener nuestras mentes y corazones en claridad y en calma, confiando en Dios y en Su Hijo. ¿Qué necesitamos saber acerca de Dios para llevar a cabo esto?

***Líder**: Lee en voz alta Salmos 37:39-40 e Isaías 26:3-4. A medida que lees, pide que el grupo...*

- *Marque el **Señor** y los pronombres que se refieren a Él con un triángulo:* △
- *Subraye las **instrucciones** dadas a las personas que enfrentan problemas.*

DISCUTE

- Evalúa cada referencia al Señor. ¿Qué aprendiste sobre Él y Su respuesta para aquellos en problemas?

- ¿Qué acción es instruida a tomar, una persona que enfrenta problemas?

- ¿Qué verdades en estos versículos te ayudarán a poner tu confianza en Dios cuando los problemas vienen?

OBSERVA

***Líder**: Lee en voz alta Proverbios 18:10 y Salmos 20:1,5 y 7. Pide que el grupo haga lo siguiente...*

Salmo 37:39–40

39 Pero la salvación de los justos viene del SEÑOR; El es su fortaleza en el tiempo de la angustia.

40 El SEÑOR los ayuda y los libra; Los libra de los impíos y los salva, Porque en El se refugian.

Isaías 26:3–4

3 Al de firme propósito guardarás en perfecta paz, Porque en Ti confía.

4 Confíen en el SEÑOR para siempre, Porque en DIOS el SEÑOR, *tenemos* una Roca eterna.

Proverbios 18:10

10 El nombre del SEÑOR es torre fuerte, A ella corre el justo y está a salvo.

Salmo 20:1 ,5 ,7

1 Que el SEÑOR te responda en el día de la angustia; Que el nombre del Dios de Jacob te ponga en alto.

5 Nosotros cantaremos con gozo por tu victoria (salvación), Y en el nombre de nuestro Dios alzaremos bandera. Que el SEÑOR cumpla todas tus peticiones.

7 Algunos *confían* en carros y otros en caballos, Pero nosotros en el nombre del SEÑOR nuestro Dios confiaremos.

- *Dibuje una nube como esta*  *alrededor de la frase* ***nombre del Señor y nombre de Dios.***
- *Subraye* ***la acción (es)*** *que las personas justas deben tomar.*

ACLARACIÓN

La palabra bandera en el Salmo 20:5 es traducida de la palabra hebrea *dagál*. Significa "levantar una bandera o estandarte". Una bandera era llevada a la cabeza de un cuerpo militar y servía como punto de referencia para la armada. En el Antiguo Testamento, las banderas identificaban cada tribu de Israel. En Éxodo 17 cuando los israelitas pelearon contra los amalecitas, Moisés levantó la vara de Dios. Mientras él tuviera la vara levantada, los israelitas prevalecían. Después de su victoria, Moisés construyó un altar que llamó "El Señor es mi bandera", o Yejová-Nissí. Esto debe ser una realidad para nosotros hoy en día: Cuando acudimos a Dios, como el Señor nuestra bandera, en Su fuerza encontraremos victoria en nuestras dificultades.

DISCUTE

- ¿Qué aprendiste sobre el nombre del Señor?

- ¿Qué acción debe tomar una persona justa?

ACLARACIÓN

La primera mención de confiar en el Salmo 20:7 puede ser también traducida como esperar. La segunda mención de confiar significa "recordar, tener presente".
Recordar también podría involucrar una proclamación pública de lo que se está recordando – en este caso, el nombre del Señor.

- ¿Qué aplicaciones encuentras en estos versículos para tratar con las pruebas en tu vida?

Salmo 20:7

7 Algunos *confían* en carros y otros en caballos, Pero nosotros en el nombre del SEÑOR nuestro Dios confiaremos.

Jeremias 9:23–24

23 Así dice el SEÑOR: "No se gloríe el sabio de su sabiduría, Ni se gloríe el poderoso de su poder, Ni el rico se gloríe de su riqueza;

24 Pero si alguien se gloría, gloríese de esto: De que Me entiende y Me conoce, Pues Yo soy el SEÑOR que hago misericordia, Derecho y justicia en la tierra, Porque en estas cosas Me complazco," declara el SEÑOR.

OBSERVA

Líder: *Lee en voz alta Salmos 20:7 y Jeremías 9:23-24.*

- *Pide que el grupo subraye cada referencia a* ***gloria***.

ACLARACIÓN

La palabra gloria en el contexto de estos pasajes significa "alabar, gloriar o jactarse de algo".

DISCUTE

- ¿Qué aprendiste de marcar la palabra gloria?
- Piensa acerca de tus conversaciones durante las semanas anteriores. ¿Quién o qué ha sido el objeto de tu jactancia / gloria?
- ¿En qué deberías gloriarte? ¿Por qué?
- ¿Cómo este tipo de gloria encaja en el mundo en que vivimos? ¿De qué se glorían generalmente las personas?

OBSERVA

Hemos acabado de aprender que debemos gloriarnos en el nombre del Señor. Pero también debemos gloriarnos en comprenderlo y conocerlo.

***Líder**: Lee en voz alta Salmos 46:10 y Daniel 11:32b.*

- *Pide que el grupo dibuje un rectángulo sobre cada referencia a la palabra **conocer o saber**:* ▭

DISCUTE

- ¿Qué aprendiste acerca de conocer a Dios? ¿Qué resultados vienen de conocerlo?

- ¿Cómo el conocer al Señor afecta tu respuesta en medio de situaciones difíciles?

OBSERVA

Veamos una vez más la respuesta del apóstol Pablo al sufrimiento y lo que le dijo a los filipenses acerca del resultado de conocer a Dios.

Salmo 46:10

10 Estén quietos, y sepan que Yo soy Dios; Exaltado seré entre las naciones, exaltado seré en la tierra.

Daniel 11:32b

32B pero el pueblo que conoce a su Dios se mostrará fuerte y actuará.

Filipenses 3:8–10

8 Y aún más,
yo estimo como
pérdida todas las
cosas en vista del
incomparable valor
de conocer a Cristo
Jesús, mi Señor.
Por El lo he perdido
todo, y lo considero
como basura a fin de
ganar a Cristo,

9 y ser hallado
en El, no teniendo
mi propia justicia
derivada de *la* Ley,
sino la que es por
la fe en Cristo (el
Mesías), la justicia
que *procede* de Dios
sobre la base de la
fe,

10 y conocerlo a
El, el poder de Su
resurrección y la
participación en
Sus padecimientos,
llegando a ser como
El en Su muerte,

***Líder**: Lee en voz alta Filipenses 3:8-10. Pide que el grupo haga lo siguiente:*

- *Encierre en un círculo todas las referencias a **Pablo**, incluyendo los pronombres y variantes verbales.*
- *Dibuje un rectángulo sobre las palabras **conocer y conocerle.***
- *Subraye **las acciones de Pablo** en estos versículos.*

DISCUTE

- ¿Qué aprendiste de marcar las referencias a Pablo? ¿Qué objetivos se puso él mismo? ¿Cómo afectó esto su respuesta al sufrimiento?

- ¿Qué valor dio Pablo a conocer a Cristo?

- ¿Qué importancia das tú a conocer a Cristo?

- ¿Cómo se refleja esto en las prioridades de tu vida diaria?

OBSERVA

Hemos visto que creer en Dios es confiar en Él, y para hacer esto efectivo, debemos realmente conocerle. ¿Qué revela la Biblia sobre Dios que nos capacita a poner nuestra confianza en Él?

Líder: *Lee en voz alta Isaías 14:24,27; 46:9-10 y Salmos 138:8. Pide que el grupo...*

- *Marque todas las referencias a* ***Dios****, incluyendo los pronombres, con un triángulo:* △

Líder: *Lee en voz alta estos mismos versículos una vez más y pide que el grupo...*

- *Subraye* ***lo que Dios hace*** *en estos versículos.*

DISCUTE

- ¿Qué aprendes de Dios de estos versículos?

Isaías 14:24, 27

24 El SEÑOR de los
ejércitos ha jurado:
"Ciertamente, tal
como lo había
pensado, así ha
sucedido; tal como
lo había planeado,
así se cumplirá:

27 "Si el SEÑOR de
los ejércitos lo ha
determinado, ¿quién
puede frustrarlo?
Y en cuanto a Su
mano extendida,
¿quién podrá
apartarla?"

Isaías 46:9–10

9 Acuérdense de
las cosas anteriores
ya pasadas, Porque
Yo soy Dios, y no
hay otro; *Yo soy*
Dios, y no hay
ninguno como Yo,

10 Que declaro
el fin desde el
principio Y desde

la antigüedad lo
que no ha sido
hecho. Yo digo:
'Mi propósito será
establecido, Y
todo lo que quiero
realizaré.'

Salmo 138:8

8 El SEÑOR
cumplirá Su
propósito en mí;
Eterna, oh SEÑOR,
es Tu misericordia;
No abandones las
obras de Tus manos.

Salmo 139:1–6

1 Oh SEÑOR, Tú
me has escudriñado
y conocido.

2 Tú conoces
mi sentarme y mi
levantarme; Desde
lejos comprendes
mis pensamientos.

3 Tú escudriñas
mi senda y mi
descanso, Y conoces
bien todos mis
caminos.

- ¿Cómo puede el conocer estas verdades acerca de Dios marcar la diferencia cuando estás experimentando dolor?

OBSERVA

***Líder**: Lee en voz alta el Salmo 139:1-6. Pide que el grupo...*

- *Marque con un triángulo cada referencia al **Señor**:* △
- *Dibuje un rectángulo* ▭ *sobre* ***conoces, conocido y conocimiento:***

DISCUTE

- ¿Qué aprendes acerca de Dios en este pasaje? ¿Qué sabe Dios y qué entiende Él?

- ¿Cómo el conocer estas verdades acerca de Dios podrían ayudarte a tratar con los problemas que están más allá de tu entendimiento?

OBSERVA

Como pastor de ovejas y rey, David conoció a Dios íntimamente y confío en Él completamente. Veamos el salmo que él cantó justo después de derrotar a Goliat, el gigante que había aterrorizado a los soldados más fuertes de Israel.

***Líder**: Lee en voz alta 2 Samuel 22:1-4. Pide que el grupo...*

- *Marque todas las referencias a **Dios** y al **Señor** con un triángulo.*
- *Subraye **las acciones de David** indicadas en estos versículos.*

4 Aun antes de que haya palabra en mi boca, Oh SEÑOR, Tú *ya* la sabes toda.

5 Por detrás y por delante me has cercado, Y Tu mano pusiste sobre mí.

6 *Tal conocimiento* es demasiado maravilloso para mí; Es *muy* elevado, no lo puedo alcanzar.

2 Samuel 22:1–4

1 David habló las palabras de este cántico al SEÑOR el día que el SEÑOR lo libró de la mano de todos sus enemigos y de la mano de Saúl.

2 Y dijo: "El SEÑOR es mi roca, mi baluarte y mi libertador;

3 Mi Dios, mi roca en quien me refugio; Mi escudo y el poder de mi salvación, mi altura inexpugnable y mi refugio; Salvador mío, Tú me salvas de la violencia.

4 Invoco al SEÑOR, que es digno de ser alabado, Y soy salvo de mis enemigos.

DISCUTE

- ¿Qué palabras David usó para describir a Dios?

- ¿Cómo respondió David cuando sus enemigos lo atacaron? ¿Qué hizo Dios por David?

- ¿Qué aprendiste del ejemplo de David acerca de lo que nos capacita para tratar con las situaciones difíciles y qué podemos esperar que Dios hará?

Salmo 107:19–20

19 Entonces en su angustia clamaron al SEÑOR *Y* El los salvó de sus aflicciones.

20 El envió Su palabra y los sanó Y *los* libró de la muerte.

OBSERVA

***Líder**: Lee en voz alta Salmos 107:19-20. Pide que el grupo...*

- *Marque con una estrella* ✡ **clamaron** *y* ***los****, que se refieren al pueblo de Israel en tiempos de aflicción.*
- *Marque con un triángulo las referencias al* ***Señor****:* △

DISCUTE

- ¿Qué hizo Israel?

- ¿Cómo respondió Dios?

- Si Dios respondió de esta manera a Israel, Su pueblo escogido, ¿qué hará Dios por nosotros, Su iglesia?

OBSERVA

***Líder**: Lee en voz alta el Salmo 119:50.*

- *Pide al grupo que marque la palabra consuelo con una* **C**.

Salmo 119:50

50 Este es mi consuelo en la aflicción: Que Tu palabra me ha vivificado.

DISCUTE

- ¿Dónde encontró consuelo quien escribió este salmo?

- ¿Qué te muestra esto acerca de dónde puedes encontrar consuelo en tiempos de sufrimiento?

OBSERVA

***Líder**: Lee en voz alta 2 Corintios 1:3-4. Pide que el grupo...*

- *Marque con un triángulo las referencias a **Dios**:* △
- *Marque cada referencia a **consuelo** con una* **C.**

2 Corintios 1:3–4

3 Bendito sea el Dios y Padre de nuestro Señor Jesucristo, Padre de misericordias y Dios de toda consolación,

4 el cual nos consuela en todas nuestras tribulaciones, para que también nosotros podamos consolar a los que están en cualquier aflicción, dándoles el consuelo con que nosotros mismos somos consolados por Dios.

DISCUTE

- ¿Qué aprendiste sobre el rol de Dios en proveer consuelo?
- ¿Qué observación obtienes sobre tu propio sufrimiento y el posible impacto de tu experiencia?
- ¿Cómo estamos equipados a ayudar a otros que enfrentan la aflicción?

Romanos 8:28, 37

28 Y sabemos que para los que aman a Dios, todas las cosas cooperan para bien, *esto es,* para los que son llamados conforme a *Su* propósito.

37 Pero en todas estas cosas somos más que vencedores por medio de Aquél que nos amó.

OBSERVA

***Líder**: Lee en voz alta Romanos 8:28, 37; 2 Corintios 2:14; y Judas 24.*

- *Pide que el grupo diga en voz alta y marque con un triángulo todas las referencias a **Dios y Cristo**, incluyendo los pronombres.*

DISCUTE

- De acuerdo con estos versículos, ¿Qué hace Dios por el creyente?

- ¿Cómo pueden estas verdades animarte cuando estás experimentando momentos difíciles?

- Considera un desafío o prueba por la que estás pasando actualmente. ¿Qué verdad o promesa de estos versículos clamarás para ayudarte a soportar?

OBSERVA

La noche antes que fuera crucificado, Jesús preparó a Sus discípulos para los días difíciles que estaban por venir.

***Líder**: Lee en voz alta Juan 16:33. Pide que el grupo...*

- *Subraye cada referencia al **mundo**.*
- *Marque cada referencia a **Jesús**, quien está hablando, con una cruz.*

2 Corintios 2:14

14 Pero gracias a Dios, que en Cristo siempre nos lleva en triunfo, y que por medio de nosotros manifiesta la fragancia de Su conocimiento en todo lugar.

Judas 24

24 Y a Aquél que es poderoso para guardarlos a ustedes sin caída y para presentarlos sin mancha en presencia de Su gloria con gran alegría,

Juan 16:33

33 "Estas cosas les he hablado para que en Mí tengan paz. En el mundo tienen tribulación; pero confíen, Yo he vencido al mundo."

DISCUTE

- ¿De qué advirtió Jesús a sus discípulos que podían esperar del mundo?

- ¿Qué ánimo les ofreció a los discípulos – y a ti?

1 Juan 5:4–5

4 Porque todo
lo que es nacido
de Dios vence al
mundo. Y ésta es
la victoria que ha
vencido al mundo:
nuestra fe.

5 ¿Y quién es el
que vence al mundo,
sino el que cree que
Jesús es el Hijo de
Dios?

OBSERVA

Líder: *Lee en voz alta 1 Juan 5:4-5.*

- *Pide que el grupo dibuje una nube como esta alrededor de la frase* ***ha vencido al mundo.***

DISCUTE

- De acuerdo con los versículos que acabas de leer en 1 Juan 5:4-5, ¿qué característica define a aquellos que vencen al mundo?

- ¿Cómo es vencido el mundo?

ACLARACIÓN

La palabra fe en este pasaje es traducida de la palabra griega *pístis*. De acuerdo con W.E. Vine, los principales elementos de la fe son:

- una firme convicción que produce una completa confesión de la revelación o verdad de Dios
- una rendición personal a Él
- una conducta inspirada por tal rendición

- A la luz de esta definición, ¿es la fe sinónimo de conocimiento? ¿Es suficiente simplemente decir "Yo creo"?

- ¿Cómo lo que aprendemos sobre la fe y el vencer modelan nuestra respuesta a los tiempos difíciles?

FINALIZANDO

Nuestro estudio esta semana ha examinado cómo seguir las instrucciones de Jesús de no tener un corazón atemorizado. Debemos poner nuestra confianza en Dios, quien es nuestra fortaleza en tiempos de dificultad. Él es el único a quien debemos correr por seguridad. Él es el único que nos dará paz en medio de la tormenta.

Mientras más lo conocemos – y conocemos lo que hace por nosotros – más convencidos estamos que Él es capaz de sanarnos, consolarnos, y equiparnos a caminar victoriosamente.

Para ser un vencedor cuando nuestro mundo pareciera estar desbordándose alrededor de nosotros, debemos creer la palabra de Dios, rendir nuestras vidas a ella, y vivir de una manera que refleje Su verdad.

¿Dónde acudes cuando tienes problemas? ¿En quién estás confiando? ¿Das prioridad a conocer a Dios y conocer Su palabra? ¿Reflejan tus respuestas a los problemas que enfrentas lo que crees?

SEXTA SEMANA

Dios no solo nos llama a enfrentar los sufrimientos con fe; Él nos da instrucciones y ejemplos para equiparnos para el desafío. En Su palabra encontramos toda la sabiduría que necesitamos para caminar victoriosamente a través de las pruebas de la vida.

Empezaremos la última lección de nuestro estudio examinando como el rey Josafat trató con un gran desafío en su vida. Su ejemplo nos dará observaciones de cómo manejar las dificultades que vienen a nuestra vida.

OBSERVA

***Líder**: Lee en voz alta 2 Crónicas 20:2-12. Pide que el grupo haga lo siguiente:*

- *Encierre en un círculo ◯ cada referencia a **Josafat**, incluyendo los pronombres.*
- *Marque cada referencia a **Dios**, incluyendo los pronombres, con un triángulo:* △

DISCUTE

- De acuerdo con el versículo 2, ¿qué dificultad enfrentó Josafat?

- De acuerdo a los versículos 3 y 4, ¿cómo Josafat se sintió y qué hizo en este momento de dificultad?

- Empezando en el versículo 5, y a través

2 Crónicas 20:2–12

2 Entonces vinieron algunos y dieron aviso a Josafat: "Viene contra ti una gran multitud de más allá del mar, de Aram y ya están en Hazezon Tamar, es decir, En Gadi."

3 Josafat tuvo miedo y se dispuso a buscar al SEÑOR, y proclamó ayuno en todo Judá.

4 Y Judá se reunió para buscar *ayuda* del SEÑOR; aun de todas las ciudades de Judá vinieron para buscar al SEÑOR.

5 Entonces Josafat
se puso en pie en la
asamblea de Judá
y de Jerusalén, en
la casa del SEÑOR,
delante del atrio
nuevo,

6 y dijo: "Oh
SEÑOR, Dios de
nuestros padres,
¿no eres Tú Dios en
los cielos? ¿Y no
gobiernas Tú sobre
todos los reinos de
las naciones? En
Tu mano hay poder
y fortaleza y no
hay quien pueda
resistirte.

7 "¿No fuiste Tú,
oh Dios nuestro, el
que echaste a los
habitantes de esta
tierra delante de Tu
pueblo Israel, y la
diste para siempre a
la descendencia de
Tu amigo Abraham?

8 "Y han habitado
en ella, y allí Te
han edificado un
santuario a Tu
nombre, diciendo:

del texto, versículo por versículo, discute lo que Josafat sabía acerca de Dios que lo motivó a buscar al Señor en su problema. Discute cómo el conocimiento de estas verdades encajan con tu propia situación.

- ¿Qué principios de las acciones de Josafat te pueden ayudar a tratar con situaciones difíciles?

9 ‘Si viene mal
sobre nosotros,
espada, juicio,
pestilencia o
hambre, nos
presentaremos
delante de esta casa
y delante de Ti
(porque Tu nombre
está en esta casa),
y clamaremos a Ti
en nuestra angustia,
y Tú oirás y nos
salvarás.’

10 “Y ahora,
los Amonitas y
Moabitas y los
del Monte Seir,
a quienes no
permitiste que Israel
invadiera cuando
salió de la tierra
de Egipto (por lo
cual se apartaron
de ellos y no los
destruyeron),

11 mira *cómo* nos
pagan, viniendo
a echarnos de Tu
posesión, la que nos
diste en heredad.

12 “Oh Dios
nuestro, ¿no los

juzgarás? Porque no tenemos fuerza alguna delante de esta gran multitud que viene contra nosotros, y no sabemos qué hacer; pero nuestros ojos están vueltos hacia Ti."

- De acuerdo con el versículo 12, ¿cómo Josafat termina su oración?

2 Crónicas 20:13–19

13 Todo Judá estaba de pie delante del SEÑOR, con sus niños, sus mujeres y sus hijos.

14 Entonces el Espíritu del SEÑOR vino en medio de la asamblea sobre Jahaziel, hijo de Zacarías, hijo de Benaía, hijo de Jeiel, hijo de Matanías, Levita de los hijos de Asaf,

OBSERVA

***Líder**: Continuemos nuestro estudio de 2 Crónicas 20:13-19. Pide que el grupo...*

- *Encierre en un círculo ◯ cada referencia a **Josafat**, incluyendo los pronombres:*
- *Marque cada referencia al **Señor** con un triángulo:* △

***Líder**: Lee en voz alta 2 Crónicas 20:13-19 una vez más.*

- *Pide que el grupo subraye **las instrucciones** dadas en este pasaje, aquellas cosas que el pueblo debía hacer y no hacer.*

DISCUTE

- ¿Cuál era el mensaje de Dios a Judá, Jerusalén y el rey?
- ¿Qué promesa o seguridad les da Dios en los versículos 15 y 17?
- ¿Cómo Josafat, Judá y Jerusalén respondieron al mensaje de Dios?
- ¿Qué principios puedes aplicar de 2 Crónicas 20 a tus batallas en la vida?

15 y dijo
Jahaziel: "Presten
atención, todo
Judá, habitantes
de Jerusalén y *tú*,
rey Josafat: así les
dice el SEÑOR:
'No teman, ni se
acobarden delante
de esta gran
multitud, porque
la batalla no es de
ustedes, sino de
Dios.

16 'Desciendan
mañana contra ellos;
pues ellos subirán
por la cuesta de Sis,
y los hallarán en el
extremo del valle,
frente al desierto de
Jeruel.

17 'No *necesitan*
pelear en esta
batalla; tomen sus
puestos y estén
quietos, y vean
la salvación del
SEÑOR con ustedes,
oh Judá y Jerusalén.'
No teman ni se
acobarden; salgan
mañana al encuentro

de ellos porque el SEÑOR está con ustedes.”

18 Entonces Josafat se inclinó rostro en tierra, y todo Judá y los habitantes de Jerusalén se postraron delante del SEÑOR, adorando al SEÑOR.

19 Y se levantaron los Levitas, de los hijos de Coat y de los hijos de Coré, para alabar al SEÑOR, Dios de Israel, en voz muy alta.

2 Crónicas 20:20–24

20 Se levantaron muy de mañana y salieron al desierto de Tecoa. Cuando salían, Josafat se puso en pie y dijo: “Oiganme, Judá y habitantes de Jerusalén, confíen

OBSERVA

Continuemos nuestro estudio de 2 Crónicas para ver qué sigue luego del mensaje de Dios a Josafat y su pueblo.

***Líder**: Lee en voz alta 2 Crónicas 20:20-24. Pide que el grupo...*

- *Encierre en un círculo las referencias a **Josafat, Judá y a los habitantes de Jerusalén,** incluyendo los pronombres y variantes verbales.*
- *Marque cada referencia a **destruir o destruyéndolos** con una X.*

DISCUTE

- ¿Qué aprendiste de marcar las referencias a Josafat, Judá y Jerusalén?

- ¿De qué manera Dios cumplió Su palabra a Judá?

- ¿Cómo fue alcanzada la derrota de Amón, Moab y los del monte de Seir?

- Haz un resumen de lo que has aprendido del ejemplo de Josafat y Judá acerca de cómo tratar con las dificultades y contrariedades de la vida.

en el SEÑOR su
Dios, y estarán
seguros. Confíen
en Sus profetas y
triunfarán."

21 Después de
consultar con el
pueblo, designó
a algunos que
cantaran al SEÑOR
y a algunos que
le alabaran en
vestiduras santas,
conforme salían
delante del ejército
y que dijeran: "Den
gracias al SEÑOR,
porque para siempre
es Su misericordia."

22 Cuando
comenzaron a
entonar cánticos y
alabanzas, el
SEÑOR
puso emboscadas
contra los Amonitas,
los Moabitas y los
del Monte Seir,
que habían venido
contra Judá, y
fueron derrotados.

23 Porque los Amonitas y los Moabitas se levantaron contra los habitantes del Monte Seir destruyéndo*los* completamente, y cuando habían acabado con los habitantes de Seir, se pusieron a destruirse unos a otros.

24 Cuando Judá llegó a la torre (atalaya) del desierto, miraron hacia la multitud, y *sólo* vieron cadáveres tendidos por tierra, ninguno había escapado.

Josue 1:7–9

7 "Solamente sé fuerte y muy valiente. Cuídate de cumplir toda la ley que Moisés mi siervo te mandó. No te desvíes de ella ni a la derecha ni a la izquierda, para

OBSERVA

Veamos un pasaje con instrucciones de Dios a Josué, cuando se preparaba para guiar a Israel a la tierra prometida, sabiendo que debían enfrentar al enemigo.

***Líder**: Lee en voz alta Josué 1:7-9.*

- *Pide que el grupo subraye las **instrucciones dadas a Josué** en este pasaje.*

ACLARACIÓN

La palabra hebrea para prosperar en el versículo 8 es *tsalákj*, lo que en este contexto, significa "alcanzarás los deseos de Dios".
La palabra hebrea para acobardes en el versículo 9 es *kjatát*, lo que significa "estar quebrantado por la violencia, confusión; temor; estar en pánico o estar desalentado".
La palabra hebrea para fuerte en el versículo 7 es *kjazác*, lo que significa "afirmarse, aferrarse, agarrarse bien".
La palabra hebrea para valiente en el versículo 9 es *amats*, lo que significa "estar alerta física y mentalmente, no desmoronarse".

que tengas éxito
dondequiera que
vayas.

8 "Este Libro de la
Ley no se apartará
de tu boca, sino
que meditarás en él
día y noche, para
que cuides de hacer
todo lo que en él
está escrito. Porque
entonces harás
prosperar tu camino
y tendrás éxito.

9 "¿No te lo he
ordenado Yo? ¡Sé
fuerte y valiente!
No temas ni te
acobardes, porque
el SEÑOR tu Dios
estará contigo
dondequiera que
vayas."

DISCUTE

- ¿Qué aprendiste de marcar las instrucciones en este pasaje?

- ¿Cómo las definiciones en el cuadro de aclaraciones aumentan tu entendimiento de estas instrucciones?

- De acuerdo al versículo 8, ¿cuál es el resultado de obedecer los mandamientos de Dios?

2 Corintios 4:16–18

16 Por tanto no desfallecemos, antes bien, aunque nuestro hombre exterior va decayendo, sin embargo nuestro hombre interior se renueva de día en día.

17 Pues *esta* aflicción leve y pasajera nos produce un eterno peso de gloria que sobrepasa toda comparación,

18 al no poner nuestra vista en las cosas que se ven, sino en las que no se ven. Porque las cosas que se ven son temporales, pero las que no se ven son eternas.

2 Corintios 10:5

5 destruyendo especulaciones y todo razonamiento altivo que se levanta contra el

- ¿Cómo puede el vivir según estas instrucciones marcar la diferencia cuando te encuentras en una situación difícil?

OBSERVA

Ahora busquemos algunos versículos del Nuevo Testamento, escritos por el apóstol Pablo, que nos muestran cómo mantener nuestras mentes enfocadas en Dios en medio de situaciones difíciles.

Lo que hacemos con nuestros pensamientos puede impactar grandemente la manera como tratamos con las pruebas en nuestras vidas.

***Líder**: Lee en voz alta 2 Corintios 4:16-18.*

- *Encierra en un círculo cada referencia a **Pablo** (los pronombres en plural **nuestro** y **nos** se refieren a Pablo y Timoteo).*
- *Dibuja una línea diagonal entre las frases en las que Pablo muestra **un contraste entre dos cosas.** (Busca palabras como "pero", "sino", "sin embargo" y "aunque").*

DISCUTE

- ¿Qué hizo Pablo que le capacitó a no desesperarse mientras soportaba el sufrimiento?

- ¿Qué aprendiste de marcar los contrastes? ¿Cómo puede esto guiar tu actitud y acciones cuando enfrentas las pruebas?

OBSERVA

***Líder**: Lee en voz alta 2 Corintios 10:5; Colosenses 3:1-2; y Filipenses 4:8.*

- *Pide que el grupo subraye cada **instrucción o lo que el creyente ya está haciendo.***

DISCUTE

- ¿Qué tienen en común todos estos versículos?

- De acuerdo a estos versículos, ¿Qué es instruido el creyente hacer?

- ¿Cómo el vivir según estas verdades te capacita para vivir victoriosamente en medio de las pruebas y desafíos en tu vida diaria?

conocimiento de Dios, y poniendo todo pensamiento en cautiverio a la obediencia de Cristo,

Colosenses 3:1–2

1 Si ustedes, pues, han resucitado con Cristo, busquen las cosas de arriba, donde está Cristo sentado a la diestra de Dios.

2 Pongan la mira (la mente) en las cosas de arriba, no en las de la tierra.

Filipenses 4:8

8 Por lo demás, hermanos, todo lo que es verdadero, todo lo digno, todo lo justo, todo lo puro, todo lo amable, todo lo honorable, si hay alguna virtud o algo que merece elogio, en esto mediten.

Hebreos 4:16

16 Por tanto, acerquémonos con confianza al trono de la gracia para que recibamos misericordia, y hallemos gracia para la ayuda oportuna.

ACLARACIÓN

La palabra acerquémonos en el griego está en el tiempo presente, lo que indica que deberíamos continuamente, como un hábito de nuestra vida, acercarnos al trono de la gracia.
Gracia es traducida de la palabra griega *járis*. Se refiere al favor de Dios, que no solo nos vuelve a Cristo para salvación, sino para fortalecernos y capacitarnos a vivir victoriosamente en todas las circunstancias de la vida.

OBSERVA

***Líder**: Lee en voz alta Hebreos 4:16, impreso de nuevo en la siguiente página.*

- *Pide que el grupo subraye cada **instrucción.***

DISCUTE

- ¿Qué somos instruidos a hacer?
- ¿Cuál será el beneficio de hacer esto?
- De acuerdo a las explicaciones dadas en el cuadro de aclaración, ¿cómo debemos vivir a la luz de estas verdades?
- Discute lo que Dios te ha mostrado a través de los principios de este estudio, que puede marcar la diferencia en la manera en que vives cuando atraviesas dificultades.

FINALIZANDO

Cuando te encuentras a ti mismo en medio de una prueba y pareciera ser que todo va mal, ¿qué debes hacer? En lugar de enfocarte en tus circunstancias, vuelve tu atención a Dios.

Cada creyente debe tener una perspectiva eterna. Debemos tomar cada pensamiento cautivo, creer en Dios y obedecer Su palabra. Debemos orar y confesar quién es Dios y lo que ha hecho por nosotros. La Palabra de Dios debería tener prioridad en nuestras vidas. Debemos meditar en ella y ser obedientes a ella.

Como lo demostraron las vidas de Josafat y Pablo, no debemos desesperarnos, no importa las pruebas y dolor que enfrentemos.

A través de la gracia de Dios, tenemos todo lo que necesitamos para ser fuertes y valientes y no temer. Todo lo que tenemos que hacer es creer y actuar en base a estas verdades:

- Las promesas de Dios y Su palabra nunca cambian.
- La batalla no es nuestra, es del Señor.
- El Señor está con nosotros.
- El Señor no nos fallará
- El Señor no nos abandonará

Cuando nos acercamos a Dios, Él siempre estará listo para recibirnos con los brazos abiertos. Él derramará su misericordia y consuelo y nos dará su capaz fuerza y poder para caminar a través de cualquier cosa que suceda en nuestras vidas.

Cuando el dolor, sufrimiento, persecución y pruebas vienen, ¿qué harás? ¿Confiarás en ti mismo y lo que puedas hacer? ¿O confiarás en Aquel que es capaz de hacer extremada y abundantemente más de lo que podrías pedir o pensar?

Cuando pareciera que ya no tienes fuerzas, es allí cuando más puedes descansar en Aquel cuya fuerza se perfecciona en tu debilidad.

ESTUDIOS BÍBLICOS INDUCTIVOS DE 40 MINUTOS

Esta singular serie de estudios bíblicos del equipo de enseñanza de Ministerios Precepto Internacional, aborda temas con los que luchan las mentes investigadoras; y lo hace en breves lecciones muy fáciles de entender e ideales para reuniones de grupos pequeños. Estos cursos de estudio bíblico, de la serie 40 minutos, pueden realizarse siguiendo cualquier orden. Sin embargo, a continuación te mostramos una posible secuencia a seguir:

¿Cómo Sabes que Dios es Tu Padre?

Muchos dicen: "Soy cristiano"; pero, ¿cómo pueden saber si Dios realmente es su Padre—y si el cielo será su futuro hogar? La epístola de 1 Juan fue escrita con este propósito—que tú puedas saber si realmente tienes la vida eterna. Éste es un esclarecedor estudio que te sacará de la oscuridad y abrirá tu entendimiento hacia esta importante verdad bíblica.

Cómo Tener una Relación Genuina con Dios

A quienes tengan el deseo de conocer a Dios y relacionarse con Él de forma significativa, Ministerios Precepto abre la Biblia para mostrarles el camino a la salvación. Por medio de un profundo análisis de ciertos pasajes bíblicos cruciales, este esclarecedor estudio se enfoca en dónde nos encontramos con respecto a Dios, cómo es que el pecado evita que lo conozcamos y cómo Cristo puso un puente sobre aquel abismo que existe entre los hombres y su Señor.

Ser un Discípulo: Considerando Su Verdadero Costo

Jesús llamó a Sus seguidores a ser discípulos. Pero el discipulado viene con un costo y un compromiso incluido. Este estudio da una mirada inductiva a cómo la Biblia describe al discípulo, establece las características de un seguidor de Cristo e invita a los estudiantes a aceptar Su desafío, para luego disfrutar de las eternas bendiciones del discipulado.

¿Vives lo que Dices?

Este estudio inductivo de Efesios 4 y 5, está diseñado para ayudar a los estudiantes a que vean, por sí mismos, lo que Dios dice respecto al estilo de vida de un verdadero creyente en Cristo. Este estudio los capacitará para vivir de una manera digna de su llamamiento; con la meta final de desarrollar un andar diario con Dios, caracterizado por la madurez, la semejanza a Cristo y la paz.

Viviendo Una Vida de Verdadera Adoración

La adoración es uno de los temas del cristianismo peor entendidos; y este estudio explora lo que la Biblia dice acerca de la adoración: ¿qué es? ¿Cuándo sucede? ¿Dónde ocurre? ¿Se basa en las emociones? ¿Se limita solamente a los domingos en la iglesia? ¿Impacta la forma en que sirves al SEÑOR? Para éstas, y más preguntas, este estudio nos ofrece respuestas bíblicas novedosas.

Descubriendo lo que Nos Espera en el Futuro

Con todo lo que está ocurriendo en el mundo, las personas no pueden evitar cuestionarse respecto a lo que nos espera en el futuro. ¿Habrá paz alguna vez en la tierra? ¿Cuánto tiempo vivirá el mundo bajo la amenaza del terrorismo? ¿Hay un horizonte con un solo gobernante mundial? Esta fácil guía de estudio conduce a los lectores a través del importante libro de Daniel; libro en el que se establece el plan de Dios para el futuro.

Cómo Tomar Decisiones Que No Lamentarás

Cada día nos enfrentamos a innumerables decisiones; y algunas de ellas pueden cambiar el curso de nuestras vidas para siempre. Entonces, ¿a dónde acudes en busca de dirección? ¿Qué debemos hacer cuando nos enfrentamos a una tentación? Este breve estudio te brindará una práctica y valiosa guía, al explorar el papel que tiene la Escritura y el Espíritu Santo en nuestra toma de decisiones.

Dinero y Posesiones: La Búsqueda del Contentamiento

Nuestra actitud hacia el dinero y las posesiones reflejará la calidad de nuestra relación con Dios. Y, de acuerdo con las Escrituras, nuestra visión del dinero nos muestra dónde está descansando nuestro verdadero amor. En este estudio, los lectores escudriñarán las Escrituras para aprender de dónde proviene el dinero, cómo se supone que debemos manejarlo y cómo vivir una vida abundante, sin importar su actual situación financiera.

Cómo puede un Hombre Controlar Sus Pensamientos, Deseos y Pasiones

Este estudio capacita a los hombres con la poderosa verdad de que Dios ha provisto todo lo necesario para resistir la tentación; y lo hace, a través de ejemplos de hombres en las Escrituras, algunos de los cuales cayeron en pecado y otros que se mantuvieron firmes. Aprende cómo escoger el camino de pureza, para tener la plena confianza de que, a través del poder del Espíritu Santo y la Palabra de Dios, podrás estar algún día puro e irreprensible delante de Dios.

Viviendo Victoriosamente en Tiempos Difíciles

Vivimos en un mundo decadente, poblado por gente sin rumbo, y no podemos escaparnos de la adversidad y el dolor. Sin embargo, y por alguna razón, los difíciles tiempos que se viven actualmente son parte del plan de Dios y sirven para Sus propósitos. Este valioso estudio ayuda a los lectores a descubrir cómo glorificar a Dios en medio del dolor; al tiempo que aprenden cómo encontrar gozo aún cuando la vida parezca injusta, y a conocer la paz que viene al confiar en el Único que puede brindar la fuerza necesaria en medio de nuestra debilidad.

Edificando un Matrimonio que en Verdad Funcione

Dios diseñó el matrimonio para que fuera una relación satisfactoria y realizadora; creando a hombres y mujeres para que ellos—juntos y como una sola carne—pudieran reflejar Su amor por el mundo. El matrimonio, cuando es vivido como Dios lo planeó, nos completa, nos trae gozo y da a nuestras vidas un fresco significado. En este estudio, los lectores examinarán el diseño de Dios para el matrimonio y aprenderán cómo establecer y mantener el tipo de matrimonio que trae gozo duradero.

El Perdón: Rompiendo el Poder del Pasado

El perdón puede ser un concepto abrumador, sobre todo para quienes llevan consigo profundas heridas provocadas por difíciles situaciones de su pasado. En este estudio innovador, obtendrás esclarecedores conceptos del perdón de Dios para contigo, aprenderás cómo responder a aquellos que te han tratado injustamente, y descubrirás cómo la decisión de perdonar rompe las cadenas del doloroso pasado y te impulsa hacia un gozoso futuro.

Elementos Básicos de la Oración Efectiva.

Esta perspectiva general de la oración te guiará a una vida de oración con más fervor a medida que aprendes lo que Dios espera de tus oraciones y qué puedes esperar de Él. Un detallado examen del Padre Nuestro, y de algunos importantes principios obtenidos de ejemplos de oraciones a través de la Biblia, te desafiarán a un mayor entendimiento de la voluntad de Dios, Sus caminos y Su amor por ti mientras experimentas lo que significa verdaderamente el acercarse a Dios en oración.

Cómo se Hace un Líder al Estilo de Dios

¿Qué espera Dios de quienes Él coloca en lugares de autoridad? ¿Qué características marcan al verdadero líder efectivo? ¿Cómo puedes ser el líder que Dios te ha llamado a ser? Encontrarás las respuestas a éstas, y otras preguntas, en este poderoso estudio de cuatro importantes líderes de Israel—Elí, Samuel, Saúl y David—cuyas vidas señalan principios que necesitamos conocer como líderes en nuestros hogares, en nuestras comunidades, en nuestras iglesias y finalmente en nuestro mundo.

¿Qué Dice la Biblia Acerca del Sexo?

Nuestra cultura está saturada de sexo, pero muy pocos tienen una idea clara de lo que Dios dice acerca de este tema. En contraste a la creencia popular, Dios no se opone al sexo; únicamente, a su mal uso. Al aprender acerca de las barreras o límites que Él ha diseñado para proteger este regalo, te capacitarás para enfrentar las mentiras del mundo y aprender que Dios quiere lo mejor para ti.

Principios Clave para el Ayuno Bíblico

La disciplina espiritual del ayuno se remonta a la antigüedad. Sin embargo, el propósito y naturaleza de esta práctica a menudo es malentendida. Este vigorizante estudio explica por qué el ayuno es importante en la vida del creyente promedio, resalta principios bíblicos para el ayuno efectivo, y muestra cómo esta poderosa disciplina lleva a una conexión más profunda con Dios.

Acerca De Ministerios Precepto Internacional

Ministerios Precepto Internacional fue levantado por Dios para el solo propósito de establecer a las personas en la Palabra de Dios para producir reverencia a Él. Sirve como un brazo de la iglesia sin ser parte de una denominación. Dios ha permitido a Precepto alcanzar más allá de las líneas denominacionales sin comprometer las verdades de Su Palabra inerrante. Nosotros creemos que cada palabra de la Biblia fue inspirada y dada al hombre como todo lo que necesita para alcanzar la madurez y estar completamente equipado para toda buena obra de la vida. Este ministerio no busca imponer sus doctrinas en los demás, sino dirigir a las personas al Maestro mismo, Quien guía y lidera mediante Su Espíritu a la verdad a través de un estudio sistemático de Su Palabra. El ministerio produce una variedad de estudios bíblicos e imparte conferencias y Talleres Intensivos de entrenamiento diseñados para establecer a los asistentes en la Palabra a través del Estudio Bíblico Inductivo.

Jack Arthur y su esposa, Kay, fundaron Ministerios Precepto en 1970. Kay y el equipo de escritores del ministerio producen estudios **Precepto sobre Precepto,** Estudios **In & Out**, estudios de la **serie Señor**, estudios de la **Nueva serie de Estudio Inductivo**, estudios **40 Minutos** y **Estudio Inductivo de la Biblia Descubre por ti mismo para niños.** A partir de años de estudio diligente y experiencia enseñando, Kay y el equipo han desarrollado estos cursos inductivos únicos que son utilizados en cerca de 185 países en 70 idiomas.

Movilizando

Estamos movilizando un grupo de creyentes que "manejan bien la Palabra de Dios" y quieren utilizar sus dones espirituales y talentos para alcanzar 10 millones más de personas con el estudio bíblico inductivo para el año 2015. Si compartes nuestra pasión por establecer a las personas en la Palabra de Dios, te invitamos a leer más. Visita **www.precept.org/Mobilize** para más información detallada.

Respondiendo Al Llamado

Ahora que has estudiado y considerado en oración las escrituras, ¿hay algo nuevo que debas creer o hacer, o te movió a hacer algún cambio en tu vida? Es una de las muchas cosas maravillosas y sobrenaturales que resultan de estar en Su Palabra – Dios nos habla.

En Ministerios Precepto Internacional, creemos que hemos escuchado a Dios hablar acerca de nuestro rol en la Gran Comisión. Él nos ha dicho en Su Palabra que hagamos discípulos enseñando a las personas cómo estudiar Su Palabra. Planeamos alcanzar 10 millones más de personas con el Estudio Bíblico Inductivo para el año 2015.

Si compartes nuestra pasión por establecer a las personas en la Palabra de Dios, ¡te invitamos a que te unas a nosotros! ¿Considerarías en oración aportar mensualmente al ministerio? Hemos hecho las cuentas y por cada $2 que aportes, podremos alcanzar una persona con este estudio que cambia vidas. Si ofrendas en línea en **www.precept.org/ATC**, ahorramos gastos administrativos para que tus dólares alcancen a más gente. Si aportas mensualmente como una ofrenda mensual, menos dólares van a gastos administrativos y más van al ministerio.
Por favor ora acerca de cómo el Señor te podría guiar a responder el llamado.

Compra Con Propósito

Cuando compras libros, estudios, audio y video, por favor cómpralos de Ministerios Precepto a través de nuestra tienda en línea (**http://store.precept.org/**) o en la oficina de Precepto en tu país. Sabemos que podrías encontrar algunos de estos materiales a menor precio en tiendas con fines de lucro, pero cuando compras a través de nosotros, las ganancias apoyan el trabajo que hacemos:

- Desarrollar más estudios bíblicos inductivos
- Traducir más estudios en otros idiomas
- Apoyar los esfuerzos en 185 países
- Alcanzar millones diariamente a través de la radio y televisión
- Entrenar pastores y líderes de estudios bíblicos alrededor del mundo
- Desarrollar estudios inductivos para niños para comenzar su viaje con Dios
- Equipar a las personas de todas las edades con las habilidades es estudio bíblico que transforma vidas

Cuando compras en Precepto, ¡ayudas a establecer a las personas en la Palabra de Dios!

www.ingramcontent.com/pod-product-compliance
Lightning Source LLC
Chambersburg PA
CBHW071824020426
42331CB00007B/1595
9781621190202